Sandrino Luigi Marra

I0422285

LA RESILIENZA ALLA MIGRAZIONE DELLE COMUNITA' SIKH DEI TEMPLI DI NOVELLARA E PARMA

Quando ho iniziato questo lavoro di ricerca non ho pensato a chi dedicarlo, in effetti preso dall'affascinante mondo della cultura Sikh ci ho pensato molto poco se non addirittura nulla.

Poi durante la sistemazione del file ho iniziato a pensarci, ma dire pensarci è un eufemismo poiché nel momento in cui mi sono chiesto a chi, la persona è venuta alla mente nell'immediato del pensiero.

La persona a cui dedico questo lavoro, per molti versi assomiglia nel carattere, nei valori, nei modi di fare, nel dominio delle proprie emozioni ad un Sikh. E' un uomo che non si è mai scomposto dinanzi ad un lavoro che poteva essere considerato poco fine, o poco dignitoso, l'importante era il lavoro poi ci sarebbero state altre opportunità. Oggi egli è un sott'ufficiale dell'esercito e con grande dignità e spirito di corpo e di dovere indossa l'uniforme, e questa grande compostezza e dignità lo guida anche nella sua vita. Non ho avuto nella vita modo di poterlo frequentare molto, in alcuni particolari momenti in anni diversi ho conosciuto chi era ed ho avuto modo di osservare la sua crescita umana, professionale, familiare, ma mi ha sempre colpito il suo essere controllato, anche nelle occasioni dove l'indole Sannita in molti nostri concittadini tende a passare velocemente dalla diplomazia alla "guerra" senza complimenti.

Dedico a Liberato Fiondella da Carattano di Gioia Sannitica questo lavoro, e glielo dedico poiché egli è spaventosamente somigliante all'indole culturale dei Sikh. Come detto in un'altra occasione di dedica qualcuno potrà dire ed indubbiamente lo dirà che la dedica è di parte per il solito campanilismo di carattere politico. E come sempre mi ripeto a sempre maggior chiarezza; nei miei lavori, lunghi, brevi, piacevoli o assurdi , belli o brutti che siano, al termine o all'inizio di questi focalizzo gli aspetti su persone che conosco. E purtroppo per alcuni (anche se io resto e sono un nessuno) che si sentono non investiti di ciò debbo ripetere le parole del mio defunto genitore il quale usava ripetermi *"fatt'ella cu chi è meglie e te e facc'è spese"* e quando intendeva chi è migliore di te intendeva persone serie di carattere, di morale virtuosa ed onesti in ogni aspetto e per farci le spese intendeva se non frequentarli (per ragioni di distanza, di tempo) tenerli ad esempio per se stesso e per gli altri.

Liberato in questo è tra gli esempi virtuosi che prendo ad esempio, di cui spesso parlo agli studenti dei miei corsi. Egli rappresenta per me la serietà e l'essere tutto di un pezzo, della persona che anche nei felici bagordi tra compagni ed amici riesce sempre ad avere il polso ed il controllo delle situazioni, e non è solo qualcosa di oggi da adulto, ma è qualcosa che porta con se da sempre. Diretto, perspicace, moderato ma sempre deciso ne ho ammirato e ne ammiro la personalità, il carisma. Peccato per me l'essere distante dai nostri luoghi, dalla nostra terra, dall'elemento di congiunzione che è il territorio, ma felice di conoscerlo, di parlarne, di confrontarmi quando possibile anche se raramente purtroppo, con la sua persona.

INTRODUZIONE

Qualche anno addietro ebbi modo di incontrare una giovane Sikh,studentessa di infermieristica di cui fui relatore di tesila quale mi incuriosì molto, non solo la persona in sé, ma la sua cultura, il suo essere Sikh. Mi colpì enormemente la sua gestione delle emozioni, la sua volontà di fare bene le cose, il suo silenzioso orgoglio culturale, la sua capacità di adattarsi a ciò che la circondava senza timori. All'inizio non comprendevo esattamente la cosa ma mi ripromisi di indagare, ricercare a tempo debito cosa fosse esattamente la cultura Sikh. Il Master in Interculturale miha così riacceso la curiosità, creandomi con l'aiuto della giovane Sikh l'occasione di indagare, di entrare nella comunità Sikh, di comprendere non solo chi essi sono ma come questa silenziosa e poco visibile comunità, seppur numerosa, abbia resistito al fenomeno migratorio che nell'arco di trenta anni li ha visti crescere in numero in Italia e non solo. L'approccio e il successivo contatto con la comunità Sikh di Novellare prima e Parma poi, mi ha permesso di vedere e conoscerle dall'interno di esse, dal loro cuore pulsante, mi ha permesso di confrontare pregiudizi e realtà, di capire esattamente chi sono i Sikh, come pensano, come hanno fatto a resistere alle difficoltà della migrazione, alla crisi economica degli ultimi anni, scoprendo che una parte importante della loro resilienza è dettata dalla cultura stessa, la quale è contemporaneamente cultura e religione, religione e cultura in una simbiosi che fuggendo da ogni genere di bigottismo, li rende tenaci, fortemente motivati, ed in grado anche di accettare eventuali fallimenti senza depressione, con coraggio e pronti a riprendere il controllo della propria esistenza e del mondo che li circonda, adattandosi ai cambiamenti, riuscendo a farli propri, reagendo in modo positivo e ristrutturandosi in base agli avvenimenti stessi. Non disdegnano il lavoro di alcun genere poiché alla base della loro cultura il lavoro è un elemento di crescita e miglioramento per la famiglia e per la comunità oltre che di dignità, e dunque qualunque lavoro ha dignità, non esiste un lavoro migliore o peggiore di un altro, nella mentalità Sikh il lavoro è il veicolo per il miglioramento e per la dignità individuale. E ciò ha fatto si che nel lungo periodo della crisi economica essi abbiano avuto la capacità di adattarsi a tale nuovo fenomeno, adattandosi a cambiamenti di lavoro senza batter ciglio, passando, mi si permetta il termine anche dalle stelle alle stalle senza disperazione, senza offendersi con se stessi o con il mondo per una cosa del genere. Poiché il lavoro è come detto l'elemento di crescita più importante, i Sikh non lo rifuggono e in tale contesto restano individui di grande precisione e degni di grande fiducia, a volte l'onestà intrinseca dei Sikh è quasi sconcertante, ma questa è una importante regola comportamentale, poiché essere un Sikh non è solamente far parte di una comunità, essere un Sikh è un preciso modo di essere e tale modo di essere è l'orgoglio di un Sikh, senza egli non è nulla, senza ciò egli è perso. Forse il mio entusiasmo per tale comunità può apparire eccessivo e suggestivo, ma il lungo lavoro di ricerca durato circa un anno mi ha portato oltre ogni limite dentro la comunità Sikh, mi ha permesso di realizzare uno studio approfondito sulla resilienza alla migrazione di questo gruppo etnico, ma soprattutto questo contatto così forte mi ha permesso il confronto con essi attraverso la conoscenza dei singoli, attraverso un

1

elevato numero di interviste, alcune delle quali riportatenello studio, altre rimaste come esperienza e discussione.realizzato intervistando circa ottanta persone, parlando, discutendo, scambiando idee ed opinioni con almeno unaltro centinaio, distribuite tra le due provincie di Reggio Emilia e Parma, con un ventaglio di età che va dai tredici ai settantacinque anni. Toccando con mano non solo la realtà dei due templi di Novellara e Parma, ma anche entrando nell'ambito familiare di alcuni, avendo così l'opportunità di vedere come essi vivono, come pensano, come e cosa la resilienza ha portato nelle loro famiglie e non è certo solo un mero benessere economico, è soprattutto sicurezza e progetti per il futuro, crescita sociale ma soprattutto inclusione sociale, più di quanto si possa immaginare. Dalla voce dei tanti intervistati, dei tanti con cui mi sono intrattenuto in lunghe discussioni ne è risultato che solo 1% dei Sikh ha avuto problemi di ordine razziale. Ma ancor più, nessuno in pratica ha alcun pentimento del vivere in Italia, i Sikh si sentono Italiani e nelle comunità autoctone sono spesso considerati tali e comunque dove non sono considerati tali, sono considerate ottime persone. E' vero che quest'ultimo termine è pregiudiziale dal mio punto di vista, ma è anche vero che lo si può considerare un passo ulteriore per la via dell'inclusione sociale, e se questo termine deve essere il prezzo per l'inclusione, allora ben venga.

I SIKH

Ancora oggi a trenta anni dall'inizio della emigrazione delle comunità Sikh, una larga fetta della popolazione italiana non conosce questa realtà, spesso confonde i Sikh con gli Indù senza sapere che parliamo di due culture religiose differenti, ancor più non si ha idea di ciò e si confondono le due realtà, spesso miscelando riti, funzioni e credenze in un variegato personale poutpourri con l'unica certezza della nazionalità, ovvero l'India. Ancor più che per altre etnie la sindrome di Salgari appare in tutta la sua ampiezza per i Sikh, in parte mitizzando in parte costruendo nuovi e sorprendenti pregiudizi, spesso bisogna dire anche molto positivi, ma che comunque trasformano e deviano la conoscenza, la cultura, la religione stessa dei Sikh la quale finisce, come spesso accade in Italia in una non inclusione e dunque in una non multiculturalità.

Il fatto che una percentuale elevata di Sikh lavori nell'ambito degli allevamenti bovini ha creato il mito tutto Salgariano del piacere e delle volontà per tale lavoro poiché legato alla sacralità della vacca, e già ciò fa comprendere l'errata visione nei confronti del mondo Sikh. Ma non è questo l'unico mito pregiudiziale, il lavoro in agricoltura è un altro esempio, si pensa che l'attrattiva per il lavoro dei campi sia dovuto all'importanza che i Sikh danno alla terra. Provenendo da un luogo considerato il granaio dell'India, dove il clima e le fertili pianure alluvionali del Punjab permettono da sempre una ottimale produzione cerealicola ed ortofrutticola si pensa che sia così forte il legame con la terra da ricercare nella diaspora migratoria un lavoro in agricoltura, a compensare l'abbandono delle proprie terre. Ma ancora la credenza che il lavoro nella produzione di mobilio sia legato a fantasiose tradizioni artigianali nella costruzione di questo o ancor più nella fantasiosa visione di un popolo che vive da sempre in una impensabile ed inimmaginabile povertà e dunque più propensi e capaci in tale attività artigianale. E non manca l'idea della propensione ad attività di commercio e vendita di frutta e verdura, spesso confondendo Pakistani con Indiani, e viceversa anche in questo caso mitizzando capacità e propensioni innate per tali attività. Bisogna dire a dovere di cronaca che tali propensioni sono inesistenti o perlomeno non giustificate rispetto a quella che ne è la visione italiana. Esiste invece un amore per la terra di origine, che è anche una espressione di identità culturale e se si vuole di unicità dal punto di vista religioso. L'aggregazione tra connazionali è dunque anche un fattore culturale ed un elemento di legame con la propria terra, le proprie origini e tale espressione è tangibile attraverso l'elemento aggregante per eccellenza il *Gurdwara* ovvero il tempio che è il luogo di incontro della comunità Sikh.

Anche se ciò diviene un elemento di critica da parte della popolazione indigena è questo un fattore tipico e presente nelle comunità migranti, gli elementi religiosi ovvero i luoghi di culto divengono un luogo di incontro e di aggregazione oltre che di condivisione di problemi e ricerca di soluzioni. Basta ad esempio ricordare per l'esperienza italiana le parrocchie cattoliche londinesi del dopoguerra, quando divenivano nei fine settimana non solo luogo di culto ma di incontro dei migranti italiani che lavoravano e vivevano a Londra. Tale fenomeno non accadeva in patria nelle comunità migranti del meridione che vivevano e lavoravano nel Nord Italia, dove i luoghi di aggregazione divenivano i Bar, o i Caffè gestiti spesso da meridionali. Questi esempi dimostrano che al di fuori dei confini della patria di origine vi è la necessità inconscia di creare luoghi che siano anche luoghi di identità culturale oltre che di socializzazione ed i luoghi di culto sono quelli che più di ogni altro adempiono a tale ruolo. Pensiamo in merito alle comunità Sikh ed Indù, ambedue sono espressione diversa dell'India, ma i luoghi di identità culturale sono i rispettivi templi, eppure si potrebbe, erroneamente pensare ad un luogo comune per una stessa identità nazionale. Ma non funziona così, nelle diaspore della migrazione si amplificano almeno nella prima generazione la necessità dell'identità culturale, prima che nazionale e l'identità di cui parliamo spesso è una identità regionale se non addirittura locale la quale spesso si esplica la religione che in parte è identità.

Tornando al discorso iniziale, bisogna dire che essere in origine un contadino non significa che nella migrazione si vuol tornare ad essere un contadino. Può essere indiscutibile l'amore per la terra, le conoscenze agricole o pastorali, il rispetto per le proprie origini contadine, ma è certo che nella migrazione si cerca di realizzare un progetto di carattere economico, di miglioramento socioeconomico e dunque si volge l'attenzione alle offerte economiche e lavorative di un dato territorio, alle opportunità che questo offre, poi se l'agricoltura del posto o l'allevamento offrono le opportunità migliori allora ben vengano. Ed è ciò che hanno fatto i Sikh in Italia, in particolare nell'Italia del Nord nei territori della provincia di Brescia, Mantova, Cremona, Reggio Emilia,Parma, per citarne alcuni. Ed in effetti l'analisi economica di alcune attività quali il lavoro in agricoltura, negli allevamenti bovini, nell'industria del mobile, nell'industria metalmeccanica, erano ed in parte restano quelle più vantaggiose per il trattamento economico, anche se indubbiamente dal punto di vista lavorativo, quali orari e impegno fisico sono spesso considerati duri. Restano a tutt'oggi i lavori meno richiesti dagli autoctoni e più ambiti, se così vogliamo dire, dai Sikh, ma soprattutto sono lavori dove in fondo non esiste quasi concorrenza e le braccia lavoro sono sempre e continuamente richieste. Ed in effetti per il territorio della provincia di Reggio Emilia è ciò che è accaduto nel corso di un trentennio, dal momento dei primi arrivi di indiani Sikh ad oggi.La domanda che nasce dunque spontanea è quando e perché sono giunti i Sikh nel territorioprovinciale. Come detto i primi migranti Sikh giungono circa trenta anni fa, non con uno specifico progetto ed uno specifico luogo, ma quasi per caso spesso attraverso l'esperienza circense, la quale inizialmente funge da elemento di osservazione e conoscenza dei territori. E' attraverso questa iniziale esperienza che i primi Sikh giungono in Italia ed in seguito si fermano per poi stabilirsi sul territorio. Certo a distanza di una generazione e oltre è difficile individuare quegli elementi che al tempo giunsero con tale sistema, ma è possibile ricostruire l'elemento secondario ovvero il sistema di passaparola che ha poi ha dato inizio a quella che possiamo considerare l'elemento di avvio della migrazione Sikh .

DALLA STORIA LE MOTIVAZIONI DELLA MIGRAZIONE SIKH

Per poter comprendere quella che definiamo diaspora Sikh è necessario guardare alla storia del Punjab in epoca moderna e contemporanea. Questa ci permette di comprendere una delle motivazioni se non la più importante motivazione dell'emigrazione Sikh.

Il Punjab conosciuto anche come la regione dei cinque fiumi, il Ravi, il Bias, il Satley, il Chenab, il Jhelam tutti affluenti dell'Indo, si estende ai piedi della catena Himalayana fino al deserto del Thar.Il nome Punjab deriva dai termini persiani *panj* (cinque) e *ab*(acqua) i quali fondendosi diventano Panjab o anche Punjab che è il termine più comunemente usato, ovvero *"la terra dei cinque fiumi"*. La regione del Punjab è attualmente divisa tra il Pakistan e l'India, e la parte indiana equivale allo stato del Punjab.Nella regione convivono in un equilibrio instabile tre religioni la Indù, la Musulmana e la Sikh che annovera in percentuale oltre il 60% della popolazione totale dello stato(federato all'India) che ammonta a 30.000.000 di abitanti.La regione del Punjab ha dato i natali alla religione Sikh, fondata dal guruShriNanakDew(nato il 15 Aprile 1469) sul finire del XV° secolo e a questi seguirono altri nove Guru, il decimo Guru GobindSing(1666-1708) introdusse la cerimonia del battesimo Sikh dando in questo modo una identità distintiva ai Sikh. La regione posta ai confini settentrionali dell'India ha sempre avuto la particolarità di essere in vario modo una terra autonoma e le popolazioni spesso si sono battute per la loro libertà. Quando i Sikh giunsero alla consapevolezza di popolo, ancor più combatterono per la propria integrità e libertà culturale.

Fig. 1- I dieci Guru della religione Sikh.

Fig.2- Il Punjab oggi.

Durante l'espansione verso l'India dell'Impero Mogul (ovvero l'entità Mongola di religione musulmana) i Sikh si opposero a più riprese all'invasione riuscendo in un particolare momento della propria storia a creare un Regno del Punjab sotto la guida di Rajit Singh che venne incoronato il 12 aprile 1801 da Sahib Singh Bedi, un discendente del Guru Nanak Dew in coincidenza con il Vaisakhi (festa di primavera e festa di commemorazione della fondazione dell'ordine cavalleresco Sikh dei Khālsā), creando uno stato politico unificato dei Sikh. Ciò condusse ad una modernizzazione politica dello stato, con una riorganizzazionedell'esercito e dell'artiglieria con il preciso scopo di difendere il paese. A questo progetto di modernizzazione presero parte due ufficiali italiani i quali avevano in passato prestato servizio nell'esercito imperiale Napoleonico, Paolo Avitabile, napoletanodi Agerola e Giovanni Battista Ventura modenesedi Finale di Modena, oggi Finale Emilia. I due ufficiali dopo un periodo in Persia (ove giunsero al grado di Generale) si ritrovarono al servizio del Maharaja Ranjit Singh, Venturi dal 1822 e Avitabile dal 1827. Ambedue furono molto stimati da questi ed ebbero l'incarico di riorganizzare l'esercito Sikh in chiave moderna, Ventura occupandosi della fanteria, specialità da cui era originata la sua carriera militare, Avitabile occupandosi di artiglieria di cui era stato ufficiale non solo nell'esercito imperiale napoleonico, ma anche in quello del Regno di Napoli di Gioacchino Murat e in quello del Regno delle due Sicilie dopo la restaurazione del 1816.Avitabile lasciò la regione nel 1844 rientrando ad Agerola mentre Venturi lasciò il paese nel 1843 trasferendosi in Francia.Questa riorganizzazione militare in chiave moderna consentì all'Impero Sikh di affrontare alla pari l'esercito britannico sconfiggendolo in due guerre e resistendo per un lungo periodo all'invasione coloniale. Al massimo della sua potenza l'impero dei Sikh, nel XIX° secolo, si estendeva dal passo Khyber ad Ovest, al Kashmer a Nord, dal Sindha a Sud al Tibetad Est. Dopo la morte di Sahib Singh Bedi successore di Ranjit Singh, nel 1839, l'impero si indebolì a causa di divisioni interne e cattiva gestione politica. Nel 1849, lo stato si dissolse a seguito del tradimento di alcuni Generali i quali accordandosi con gli Inglesi disertarono in battaglia rendendo così vane le vittorie militari Sikh della prima e seconda guerra anglo-sikh.

Sebbene il desiderio del primo Guru fosse quello di trovare un punto di incontro tra le due grandi religioni presenti sul territorio indiano, l'induismo e l'islamismo che già al tempo convivevano tra forti tensioni, la religione Sikh sotto la guida del Guru Gobind Singh finì senza volerlo per alimentare le divisioni tra le varie fedi presenti nella regione. E questo come vedremo sarà fonte di divisioni tutt'oggi esistenti.La conquista coloniale britannica dell'India portò il paese occupante a porgere particolari attenzioni al Punjab per via della potenzialità agricola delle sue valli. Attraversato da cinque fiumi era da sempre considerata una regione granaio, cosa ben reale che verrà poi valutata e sfruttata in epocamoderna dopo

la riorganizzazione agricola del territorio nella *Fig.3 ritratto di RanjitSingh*
seconda metà del novecento. Gli inglesi oltre a puntare sulla produttività dei luoghi, enfatizzarono etnicamente la cultura Sikh, oltremodo ponendo grande fiducia nei valori di questa. Presumibilmente l'accomunanza di valori religiosi similie la visione di popolo guerriero il quale li aveva anche sconfitti nelle due guerre anglo-sikh, affascinò non poco gli inglesi. La fedeltà del popolo verso la corona Britannica in seguito, portò ad ottenere nel tempo trattati di ordine politico e sociali che intendevano fare del Punjab se non uno stato indipendente almeno unaregione a statuto speciale, quanto di più vicino ad una indipendenza. Nel 1947 dopo l'indipendenza dell'India dalla Gran Bretagna il Punjab fu diviso tra il nascente Pakistan e l'India, e fu un periodo di sconvolgimento sociale con milioni di individui che dovettero spostarsi dall'uno all'altro territorio. In effetti la creazione del Pakistan creò nell'area una situazione di migrazione forzata,
(ritrovandosi il Punjab proprio a cavallo tra il nascente Pakistan e la stessa India) a cui fece seguito una reazione armata delle diverse componenti etnico religiose, le quali in un momento di così grave sradicamento iniziarono a scontrarsi in modo violentoportando alla morte centinaia di migliaia di persone (si contarono ufficialmente 250.000 morti). A ciò si aggiunse in seguito la perdita di quegli accordi siglati nel corso del tempo con la Gran Bretagna e non riconosciuti dall'India indipendente, persero quindi di valore quei trattati i quali guardavano l'autonomia dell'area, di fatto l'India quale stato federalenon tenne in alcun conto trattati che erano stati stipulati prima dell'indipendenza e con un rappresentante che era considerato l'occupatore del subcontinente.
Nonostante i presupposti negativi nel 1956 fu istituito lo stato del Punjab ed i Sikh ottennero l'adozione del Punjabi quale lingua ufficiale, ma nel 1966 il Punjab fu nuovamente diviso con la creazione dello stato dell'Haryana a prevalenza Indù con la capitale condivisa con il Punjab, ovvero Chandigarh. Questo avvenimento accese

nuovi attriti tra comunità Sikh ed Indù poiché tale passaggio andava a ledere le individualità e differenze dei Sikh rispetto alla popolazione Indù. Nel tempo tale situazione portò ad una crescita continua di criticità che tra la fine degli anni settanta e gli inizi degli ottanta del novecento fecenascere fra i Sikh propositi separatisti. Anche se inizialmente tali propositi furono portati avanti con un atteggiamento pacifico e moderato, prevalsero alcuni gruppi che diedero avvio ad una attività di lotta armata al fine di giungere alla secessione dall'India ed alla creazione di uno stato Sikh indipendente con il nome di Khalistan.

La situazione precipitò a tal punto che la reazione armata dell'India si risolse in un assalto al tempio d'Oro di Amritsar nel Giugno del 1984 con l'intento di catturare alcuni separatisti, che fece centinaia di morti tra i fedeli presenti. L'azione al tempio d'Oro portò come conseguenza indiretta all'omicidio di Indira Ghandi da parte di una sua guardia del corpo Sikh, a ciò seguì una feroce repressione scatenata da esercito e polizia con una indiscriminata caccia al Sikh, non solo nel Punjab ma ovunque in Indiae nel solo 1984 al decesso di oltre 10.000 di questi. I sommovimenti politici si protrarranno per tutti gli anni 80 del 900, cosa che porterà infine il numero delle vittime Sikh nel decennio 1980-1990 ad oltre 44.000 morti anche se ufficialmente l'India ridimensiona da sempre tale numero a poche migliaia di unità, senza contare gli oltre 10.000 Sikh detenuti ancora oggi in tutta l'India con accuse non accertate, oltretutto ciò bastò allo stato centrale per etichettare i Sikh quali terroristi. Tale etichetta divenne un sinonimo e sistematicamente ad ogni azione dimostrativa seguivano arresti di Sikh in tutta l'India.

Eppure la modernizzazione del paese che seguì negli anni sessanta del novecento portarono ad avere per il Punjab, una crescita economica di importante portata e dunque tutti i presupposti per portare equità ed inclusione sociale nella realtà etnico religiosa del Punjab. La modernizzazione del settore agricolo, un imponente opera di irrigazione e lo sfruttamento delle acque dei fiumi del Punjab per la produzione di energia elettrica, permise di fare della regione il granaio e la centrale elettrica dell'India oltre ad essere il serbatoio idrico per tutta l'area sud ovest del subcontinente. Un terzo dell'India beve ed usa le acque dei fiumi del Punjab, produce e vive con l'elettricità prodotta in tale area. Ma a tale modernizzazione non seguì l'equità sociale ed economica che tale fenomeno avrebbe dovuto accompagnare. Alla luce delle statistiche il Punjab degli anni 60 e primi anni 70 del 900 ebbe un balzo enorme nell'ambito del Pil dello stato ma anche dell'intero stato indiano, con una crescita impressionante in punti percentuali che per diversi anni si assestò al 4% e contribuendo per il 16% al Pil dell'India divenendo oltremodo il maggior produttore ed esportatore di prodotti cerealicoli ed ortofrutticoli, ed il maggior fornitore di grano dell'India. Al tempo poi offriva percentuali di occupazione elevate giungendo ad avere una disoccupazione che non raggiungeva il 5% della popolazione. Era dunque anche, all'interno dell'India, stato attrattivo per l'emigrazione, per le opportunità che offriva anche nell'ambito industriale, esso infatti si è lungamente mantenuto come lo stato più ricco e più influente dell'India.

Ma come anticipato a questi miglioramenti non corrispose un miglioramento socio economica della popolazione. Le risorse idriche ed elettriche venivano sistematicamente deviate a favore di altri stati viciniori, facendo si che le attività produttive del Punjab risentissero di una fornitura di poche ore giornaliere e lo stesso dicasi per l'uso domestico. La soluzione attraverso l'uso di generatori elettrici a gasolio fu in breve tempo assoggettata a tassazione. Oltretutto l'antico sistema castale indiano cominciò a ripercuotersi sulle posizioni lavorative pubbliche, ovvero la riserva di quote elevate di posti di lavoro pubblici a provenienti da date caste, (anche se costituzionalmente le caste non esistevano più) cominciò a creare una latente disoccupazione all'interno del Punjab in particolare per le figure di elevata istruzione. Ancor più, borse di studio riservate a studenti universitari di data estrazione castale e quindi di fede Indù cominciò a ledere fortemente il diritto all'istruzione delle popolazioni Sikh del Punjab, le quali non legate al sistema di caste si ritrovarono ad essere minoritarie e discriminate nelle posizioni di istruzione prima e lavoro pubblico poi, all'interno del loro stesso stato.

Tale situazione iniziatasi negli anni 70 e accompagnata al periodo di disordini degli anni 80 portò ad una importante fase migratoria che si protrarrà fino agli inizi degli anni 90 con numeri importanti di partenze dal Punjab. Insicurezza sociale con la paura di rappresaglie e persecuzioni, crisi economica seguita alle problematiche accennate, un sistematico metodo di esclusione lavorativa ha quindi avviato la diaspora che ha portato infine i Sikh a raggiungere un numero di emigrati che nel tempo ha superato il milione di individui.

MIGRAZIONE IN ITALIA ED IN EMILIA ROMAGNA

La migrazione dal Punjab verso l'Italia è un fenomeno relativamente recente, i primi emigrati Sikh vi giungono verso la seconda metà degli anni settanta quando l'Italia era ancora in parte paese di emigrazione ma soprattutto in un momento che coincise con un importante fenomeno di rientro di italiani dall'estero in conseguenza ad una positiva congiunzione socioeconomica del paese. Questo periodo, con il rientro degli italiani dimostra come l'Italia di quel periodo era divenuta un paese di sufficienti opportunità lavorative, ed in contemporanea con le "*frontiere*" aperte rispetto a quelle ormai "*chiuse*" dei paesi anglofoni al tempo più ambiti quali la Gran Bretagna, il Canada, gli Stati Uniti.

Le direttrici di emigrazione dal Punjab seguivano due tipologie di rotte, l'imbarco su navi commerciali oppure progetti migratori itineranti, questi ultimi in particolare attraverso le attività circensi o le attività definite come spettacoli itineranti ovvero Luna Park e spettacoli di acrobazie, che offrivano più semplici tipologie di permesso di soggiorno anche se con contratti di lavoro discutibili.

Con la situazione sociale accennata che si prolunga per decenni molti giovani tentano la strada dell'emigrazione e come detto un canale è offerto per quel che riguarda l'Italia dalle attività circensi, ovvero il circo. Diversi circhi, della famiglia Togni originari di Rio Salicetoe della famiglia Orfei di notevole importanza e prestigio, durante i mesi invernali permanevano nel Reggiano e nel Modenese e queste "soste" offrivano l'occasione di guardarsi intorno, di iniziare a lavorare in tali periodi di sosta ad incrementare il reddito dunque, per giungere poi a stabilizzarsi in Emilia. E ciò avviene tra la fine degli anni settanta e gli inizi degli anni ottanta, in concomitanza come già accennato ad un periodo economico particolare per l'Italia.

Tornando ai circhi c'è da dire che questa attività ha offerto per molti anni una risposta alle necessità di trovare una occupazione e contemporaneamente una sistemazione abitativa, si è conciliato con le caratteristiche di una emigrazione ancora agli esordi, fatta spesso di giovani individui di sesso maschile, molto spesso celibi, a volte in cerca di avventura e ancor più di fortuna, in fuga non dalla fame come spesso si è creduto ma da un disagio sociale direttamente legato ad un fenomeno di conflitto armato interno e di repressione.

Si forma così una diaspora che fugge a tutti gli effetti verso altri luoghi, come citato l'Italia, ma prima della chiusura delle frontiere la Gran Bretagna la quale fino ad un recente passato non solo era stato il paese colonizzatore del continente indiano ma aveva avuto una particolare attenzione ed interesse per lo stato del Punjab ma soprattutto per i Sikh.

L'arrivo dunque dei Sikh e la seguente stabilizzazione dei primi crea nel volgere di poco un fenomeno, che Boissevan definisce nel particolare della singola figura, "**broker**", di colui cioè che "*in virtù di attitudini personali e di specifici attributi quali l'anzianità di migrazione, la rete di conoscenze costruite, la professione e la posizione lavorativa ricoperta si fa manipolatore di informazioni e procacciatore di opportunità. Egli mette in contatto coloro che detengono risorse primarie (ad* *esempio gli imprenditori italiani) con quelli che cercano (come i propri connazionali) ricavando dal proprio operato un compenso di natura in primo luogo simbolica (il prestigio ed il rispetto altrui) e solo molto di rado materiale."*

Per costoro che mantengono i contatti con i circhi, ben presto l'attività di mediazione non si limita solo a tale canale, ma si amplia per altre attività quali l'agricoltura il settore metalmeccanico e non ultimo l'allevamento, ed ancor più si estende al di fuori della cerchia familiare. Il sistema coinvolge a seguire amici e conoscenti già giunti in Italia ma residenti in altre zone, offrendo migliori opportunità lavorative e possibilità di ospitalità ed aiuto. Da questo punto di vista i Sikh ripetono, senza volerlo, un elemento caratteristico delle migrazioni importanti, intese come numeri e come tipologia di un progetto di emigrazione organizzato, ovvero i canali intermediari che si creano con l'arrivo delle prime unità. Questa è una caratteristica esperienziale acquisita e storicamente consolidata nel tempo della migrazione italiana verso l'estero, la quale forniva una sponda (fornisce ancora oggi) di approdo che consentiva di ambientarsi in un luogo per poi intraprendere eventualmente un più importante ed ampio progetto migratorio. Dunque i Sikh in fondo ripetono ed attuano qualcosa di già funzionale, a vantaggio della comunità di origine. Sono anni in cui dal punto di vista lavorativo nella realtà emiliana è facile trovare un lavoro, ma ancor più si può cambiare e scegliere tra le opportunità migliori e bisogna dire che le opportunità migliori sono offerte dall'allevamento, ovvero dal lavoro in stalla. Tale tipologia di lavoro permetteva di risolvere a monte il problema dell'abitazione poiché il lavoro in stalla prevedeva l'alloggio gratuito per il custode dell'allevamento, ma spesso la possibilità di avere da parte dell'imprenditore un affitto abitativo a basso costo (di abitazioni dell'imprenditore stesso) o ancora prestiti detratti in busta paga senza interessi che permettono dunque di poter ovviare a priori alla ricerca di una abitazione o alla necessità di liquidità che diverrebbe problematica attraverso i canali bancari. Non ultimo il peso della paga giornaliera che diviene importante per il notevole peso degli straordinari che sono in pratica ovvi in un sistema di allevamento intensivo, spesso pagato fuori busta, il quale diviene un ulteriore incentivo all'attività. Ma oltre a tale tipologia di lavoro non mancano le opportunità nell'ambito della metalmeccanica, sono numerose le piccole e medie imprese che nell'area con il tempo sono nate e si sono specializzate in tale settore. Negli anni 80 e 90 questo è un settore trainante dell'economia industriale dell'area, offre molteplici opportunità di lavoro nell'ambito di una stessa produzione, vengono ricercati operai specializzati e non, e le figure sono molteplici, dal saldatore, al verniciatore, al carpentiere metallico,agli addetti alle svariate macchini utensili, agli autisti. Oltretutto sono anni in cui gli enti provinciali e regionali del lavoro offrono corsi di formazione nel settore, spesso pagati, per ovviare ad una mancanza di figure professionali specializzate. Sono questi, anni in cui chi è più intraprendente riesce a trovare una occupazione quale dipendente nel settore metalmeccanico. Buoni stipendi, la possibilità di effettuare straordinari sono un incentivo a lavorare nel settore.Ma in tutto ciò contava molto all'interno della comunità Sikh la rete parentale la quale se già rivestiva un importante ruolo nel processo di migrazione è rilevante ancor più nell'accesso al mercato del lavoro caratterizzato dal sistema della raccomandazione.

Il SISTEMA PARENTALE DI MUTUO SOCCORSO

Come anzidetto in molti casi i primi arrivati definiti anche con il termine di teste di ponte, si sono trasformati in mediatori, divenendo punti di riferimento per familiari, parenti di vario grado e spesso per compaesani. Bisogna dire che nell'ambito della cultura Sikh è ancora vigente il sistema di famiglia allargata e di luogo. Ciò nell'ordine coinvolge dunque i familiari prossimi, a cui segue la famiglia allargata ad esempio cugini di secondo o terzo grado, cognati di cugini, quindi ancora figli di cugini che saranno sempre considerati come parte del nucleo familiare o meglio parte della parentela, comunque sia consanguinei. Segue poi la provenienza, la quale è stratificata in base al luogo stesso: il proprio paese o città, ma anche la zona quindi il paese o la città vicina, poi la provincia e così via abbracciando anche il distretto si rientra dunque nel rapporto, importante dal punto di vista sociale, del "*vicinato*". In questi casi resta in parte la fiducia della conoscenza, ovvero vi deve essere alla base una conoscenza reciproca anche se indiretta, quale ad esempio la conoscenza di un parente in India, questo affinchè possa essere realizzato (culturalmente) il rapporto di fiducia, non restando così nel limbo dell'essere uno sconosciuto.

La mediazione resta quasi totalmente gratuita, nel senso che è piuttosto raro che tale organo sia di carattere economico, è invece comune un elemento di rispetto nei confronti del mediatore che acquista come già detto, rispetto nella comunità. Ma per quanto possa a prima vista apparire come un elemento solo sociale, e volendo di crescita dell'Io personale attraverso una forma di potere, nella realtà la cosa è ben diversa. Molto si lega agli elementi religiosi, ovvero il codice comportamentale da tenere verso gli altri e verso Dio. L'aiuto reciproco, la disponibilità verso l'altro e nel particolare degli elementi della propria famiglia e comunità, affinché questi possano trovare ed accedere ad un tenore esistenziale migliore questo è un elemento di importanza che scevera dal materiale ed è soprattutto un dovere morale religioso. Essere un buon Sikh significa soprattutto ciò, e quindi anche se la posizione di mediatore aumenta proporzionalmente l'importanza di un elemento all'interno della comunità non solo in Italia, aumenta il valore morale della persona in questa. In termini assoluti tale valore non ha un prezzo, va ben oltre la soddisfazione materiale poiché entra nel campo della soddisfazione morale, comportamentale e non ultima religiosa. Tutto ciò nella cultura Sikh si può racchiudere in una unica parola ovvero "*l'izzat*" un termine traducibile con il rispetto e l'onore che sono dovuti in virtù dei propri comportamenti che è una delle motivazioni principali alla base delle azioni di un mediatore.

Ma vediamo come funziona il sistema di mediazione nell'ambito lavorativo. Il mediatore solitamente si muove in un reticolo di conoscenze ben strutturato negli anni, che sono conoscenze dirette con datori di lavoro e con cui sono in contatto quasi costante. Il mediatore in questo ambito fa da garante nei confronti dei propri *"parenti"*, in effetti le simpatiche testimonianze di imprenditori parlano di parenti ovvero di persone che il mediatore presenta come tali e garantisce serietà ed impegno della persona:*"Fra gli stranieri abbiamo solo dipendenti indiani. Diciamo, non è un caso, è una scelta, perché mischiando le razze, le religioni, le cose, nascono dei problemi. Io sento anche loro, nel modo come diciamo, si esprimono: Ma si, se voi prendete quello...magari noi dopo non andiamo d'accordo. Così quelli che decidono siamo sempre noi, però sentendo anche loro, ci fanno capire che ci sono delle cose che poi magari non vanno d'accordo....E quindi secondo me, ho capito quella cosa lì: prima di prendere una persona che dopo devo andare a creare altri problemi ci vado piano"*.

Ma all'interno del sistema di mediazione non è detto che tutti riescano ad avere un elemento di conoscenza nel senso che non tutti hanno la possibilità di conoscere un mediatore in forma diretta o indiretta. Ciò può divenire un elemento di isolamento e di perdita di possibilità lavorativa, ma socialmente questo problema nella comunità Sikh è risolta attraverso dei vincoli che si possono qualificare come di parentela sostitutiva, fittizia o sociale. Come detto il concetto di parentela tra gli immigrati del Punjab è inteso come qualcosa che comprende una serie di legami che derivano dall'avere in comune alcuni requisiti specifici e qualificanti l'identità dei soggetti. Il territorio di origine, il lignaggio (Got) sono gli elementi che definiscono a livello sociale le persone che le posseggono, ovvero individuano una relazione di appartenenza significativa a dei gruppi. Tale appartenenza dunque riduce la distanza fra gli individui creando quindi i presupposti per una relazione di tipo fiduciario. Il fatto di condividere gli stessi elementi sociali, quali il Got, permette alle persone di costruire legami di parentela fittizia ed instaurare così strutture di interrelazioni più o meno durevoli dove poi trovano spazio le dinamiche di intermediazione. Tale genere di parentela sociale che è come detto organizzata sulla base di appartenenza a specifici criteri, implica dei rapporti di ruoli, obbligazioni e logiche di reciproche azioni che in parte sono analoghi a quelli dei legami di consanguineità. Dunque infine ci si aiuterà e ci si comporterà reciprocamente come se esistessero dei veri legami parentali. Tale sistema crea un indubbio vantaggio agli individui che pur non avendo la possibilità della presenza di propri consanguinei nel contesto migratorio, possono avere accesso con una certa facilità ad opportunità di inserimento economico e sociale. Purtroppo coloro che non riescono, nell'assenza di parentele nel progetto migratorio o per l'incapacità di costruire una rete di relazione, possono essere vittime di raggiri e truffe oltre che finire in un sistema di sfruttamento anche da parte di propri connazionali, l'isolamento relazionale nel suo insieme (parentele reali o fittizie) è dunque un elemento di emarginazione ed isolamento.

Oltretutto bisogna anche dire che il sistema sociale relazionale Sikh non significa un sistema di obbligatorietà sia che si tratti di legame parentale che fittizia, anzi una persona può costruire relazioni di parentela fittizie anche se inserito in un sistema familiare. Tale cosa non genera contraddizioni o conflitti e se accade è il sistema fittizio che viene reciso, questo vincolo risponde ad una necessità funzionale ed è il risultato di una progettualità soggettiva, può quindi essere modificato, messo da parte, distrutto e ricostruito senza grosse ripercussioni per il prestigio e l'identità dell'individuo. Questo significa che il rapporto creatosi che può come detto essere legato all'appartenenza allo stesso Got, è un rapporto di reciprocità generalizzato basato su elementi di aiuto contingente ma ben sapendo a priori che è un rapporto che nel tempo può cambiare, essere sostituito o concludersi. E' un rapporto che alla base ha come termine l'aiuto reciproco, il quale potrebbe nel tempo trasformarsi in competizione o conflitto, si parte quindi dall'idea che tutto può essere modificabile in meglio o in peggio e dunque si tiene conto di tale eventuali dinamiche senza badare molto a perdita di prestigio personale dei singoli. E' dunque considerabile quale un amichevole rapporto di fiducia e di aiuto ma che al distacco difficilmente porta alla rottura di una amicizia, ma ad una cordiale competizione tra persone.

Nella zona del Novellarese la connessione tra circuiti relazionali basati su logiche di legami sia di imparentamento che di imparentamento fittizio ha portato alla nascita di gruppi coesi dove i singoli sono legati a vario titolo tra loro. Si sono consolidati rapporti legati alle comuni origini di lignaggio, ma anche di "vicinato" e territoriali legati al luogo di origine. Ed in effetti l'esempio del Novellarese e dintorni è uno spaccato reale e funzionale degli elementi di rapporti sociali di vario genere che si sono ben strutturati all'interno della comunità, favorendo in tal modo i rapporti comunitari ed economici.

IL TEMPIO PUNTO DI SVOLTA DELLA MIGRAZIONE

La creazione del Gurdwara di Novellara ha fatto si che gli elementi di coesione dei gruppi si incontri in un certo senso nel tempio, o meglio il tempio oltre che elemento religioso è stato ed è un elemento di aggregazione sociale di grande portata, mettendo così in contatto gli individui presenti sul territorio attraverso un elemento unico, appunto il tempio. Questo funge da catalizzatore della comunità, dove oltre alle attività religiose, di conservazione e conoscenza della cultura Sikh, si intraprende un sistema di mutuo soccorso tra individui. In particolare le figure che sono responsabili del Gurdwara sono individui di prestigio della comunità, alcuni sono giunti in zona alla fine degli anni 70 e restano ancora oggi punti di riferimento della comunità. Conservano le esperienze della migrazione e sono a livello territoriale perfettamente inclusi nella società emiliana. Sono gli elementi di relazione con le amministrazioni comunali e non solo, con un bagaglio pregresso di istruzione impressionante e di alto livello. Sembrano rappresentare ad occhi esterni e non solo la riuscita del progetto migratorio, oltre alla capacità culturale dell'adattamento alle situazioni di cambiamento ovvero gli esempi viventi di come la cultura e la mentalità Sikh abbia saputo adattarsi alla nuova realtà che andava ad incontrare. Uomini e donne i quali nonostante una istruzione universitaria si sono adattati senza problemi e senza rancori a lavori molto diversi e diversificati. In parte sono stati e restano elementi "broker" o teste di ponte come dir si voglia, e si preoccupano di realizzare il progetto migratorio dei propri connazionali attraverso una attenzione all'ambiente lavorativo che li circonda. Dunque il tempio funge anche da punto di soluzione alle problematiche lavorative, ma oltretutto si impone quale elemento di enfasi degli individui di maggior prestigio sociale, ovvero di giovani che si impegnano negli studi, che possono essere presi ad esempio per la comunità in crescita. Il tempio quale elemento religioso e culturale si occupa e preoccupa dunque della comunità, accennando che si "preoccupa" significa che va ben oltre l'elemento aggregante quale struttura poiché si pone attenzione anche a particolari bisogni o disagi della comunità. In taluni casi il tempio offre ospitalità a chi si trova in particolari situazioni di indigenza, vuoi per la perdita del lavoro o per la perdita dell'abitazione, contemporaneamente mette in moto un sistema di ricerca per la soluzione del problema. Con la sua creazione si è risolto anche l'annoso problema dei visti di soggiorno, dei rinnovo dei passaporti per la richiesta della cittadinanza indiana ai nati in Italia e a tutto ciò che ruota intorno alla burocrazia sia italiana che indiana. "*In passato era difficoltoso stare dietro a chi si impegnava per il rinnovo dei passaporti, bisognava corrergli dietro, letteralmente, con il tempio esiste un punto di riferimento costante, si sa dove andare con chi parlare, chi ti può aiutare*". Queste le parole di uno dei responsabili del Tempio ma in pratica è il pensiero di tutti coloro con cui si è parlato. Ma attraverso il tempio si prova a risolvere anche questioni delicate di ordine familiare quando se ne giunge a conoscenza; dispute familiari, incomprensioni di varia natura, problemi di rapporti di coppia. E non manca la risoluzione di incomprensioni tra persone non imparentate, dissidi tra conoscenti o tra famiglie, tutto affinchè la comunità sia in equilibrio ma soprattutto affinchè la peculiarità culturale e religiosa sia rispettata. In effetti l'interesse dei singoli nella soluzione di problematiche è legato alle regole della comunità e della religione Sikh, la pace, l'ordine, i buoni rapporti tra parenti e vicini, tra conoscenti, è alla base dell'identità culturale Sikh e per questo chi potrà a seconda delle proprie possibilità, si impegnerà nel rispetto della identità Sikh. E dunque come detto il Tempio può divenire il punto di incontro in tali situazioni, l'elemento moderatore e chiarificatore non ultimo elemento pacificatore.

Ma il tempio è anche punto di riferimento per le autorità del territorio, la sua presenza ufficializza in qual modo l'identità Sikh, e passaggi importanti tra comunità ed autorità amministrative del territorio, vuoi comunali, vuoi provinciali, vuoi regionali, con le forze dell'ordine, con la prefettura, avvengono attraverso il tempio, come a voler suggellare il mutuo riconoscimento della comunità con il territorio. In effetti coloro che sono responsabili della struttura agiscono nelle forme ufficiali attraverso il Tempio, poiché infine il Tempio è la comunità. Su ciò la comunità non transige, essa ha la ferrea volontà di essere e voler essere parte vivente e partecipante del territorio, la comunità Sikh ha la peculiarità di non vivere sul territorio ma di esserne parte e partecipante. Si impegna in attività di collaborazione, di mutuo soccorso, di partecipazione attiva attraverso un impegno costante e diversificato che abbraccia molteplici aspetti delle attività sociali, dal volontariato sociale a quello sanitario. Al soccorso nelle catastrofi naturali non solo emiliane ma nazionali, con l'impegno economico per l'acquisto di mezzi per la protezione civile e per la croce rossa. E ancora una volta mi ripeto, ciò avviene attraverso il Tempio, con la decisione della comunità che frequenta il tempio. A tal proposito bisogna dire che la comunità che ruota intorno al Tempio va ben oltre il numero di individui Sikh presenti sul territorio, si contano almeno un migliaio di persone che lo frequentano regolarmente. Ma si va oltre se si tiene conto che per comunità i Sikh intendono non solo gli individui presenti a Novellara ma tutti i Sikh presenti nella zona e tale zona abbraccia non solo la bassa Reggiana ma si allunga verso Montecchio Emilia e in parte sull'appennino Reggiano, per continuare in parte nel Parmense e nella stessa città di Parma attraverso il Gurdwara di Parma inaugurato nel 2013 . Mentre dalla parte del Novellarese si spinge oltre il Pò fino alle porte di Mantova. Una estensione territoriale molto vasta che conta orientativamente 3500 individui, a conferma ancora una volta le parole del responsabile del Tempio " *i nostri sono presenti in tutta la zona di Montecchio Emilia, in tutte le stalle ci lavorano nostri fratelli. Ma ne abbiamo anche nelle stalle di Sant'Ilario ed in diverse fabbriche di Parma, si, si, ne abbiamo tanti da quelle parti"*.

E queste persone ruotano intorno al Tempio, frequentandolo quando possibile e per chi vive più lontano la nascita del tempio di Parma ha migliorato la frequenza stessa ai luoghi, considerando che i due Gurdwara sono in simbiosi e comunicazione continua.Prendiamo ad esempio la zona di Montecchio Emilia che da Novellara dista 40 chilometri, in passato era anche un disagio poter frequentare sempre il tempio (per le distanze), oggi chi proviene da queste zone (Montecchio Emilia dista meno di

20 chilometri da Parma) e dalla provincia di Parma ha risolto la questione delle distanza recandosi appunto al Tempio di Parma il quale allo stato attuale è frequentato da circa un migliaio di individui.Ma sorge spontaneo chiedersi quale è l'elemento spirituale che lega indissolubilmente la comunità al Tempio.

Fig.4-Il tempio Sikh di Novellara, (Reggio Emilia).

Fig.5-Il tempio Sikh di Parma

Nella spiritualità Sikh il creatore è presente in ogni persona e dunque ognuno ha una forte responsabilità individuale, ovvero svolgere una vita ricca di valore e utile all'intera umanità. Il traguardo della perfezione si raggiunge sviluppando l'amore verso Dio, ogni credente attraverso la meditazione e l'impegno quotidiano lotta per divenire simile a Dio migliorandosi continuamente. Nella pratica quotidiana si traduce nel rendere servizio agli esseri umani e nell'amore fraterno. Questo è il *Sewa*, lo spirito del servizio disinteressato verso la comunità sancito come regola del Sikkismo e che si realizza attraverso l'esperienza di volontariato ; può essere il *Langar*, il volontariato nei refettori presenti in ogni Gurdwara, ma può anche essere ogni attività a favore dell'altro che ancor più si avvicina alla spiritualità Sikh. In effetti il *Sewa* è l'elemento centrale della spiritualità Sikh e contemporaneamente elemento centrale del Gurdwara poiché questo non è solo un bene per le relazioni della comunità ma è anche un bene per l'elevazione morale della persona. Il volontariato è qualcosa che deve essere una parte essenziale della vita, fornisce un appagamento spirituale e vantaggi pratici e per questo i Sikh sono incoraggiati ad eseguire lavori non retribuiti a favore della società, come il volontariato negli ospedali, nei centri sociali ed in tutte quelle attività socialmente utili. Poichè il *Sewa* è di importanza fondamentale per la vita spirituale esso è il mezzo per acquisire il merito più alto.

Secondo la tradizione esistono tre varietà di *Sewa*:

Sewa reso attraverso mezzi fisici-"*taan*"

Sewa reso attraverso l'apparato mentale -"*maan*"

Sewa reso attraverso le risorse materiali - "*dhan*"

Fig.6- Momenti del Sewa

Ma solo il primo di questi è considerato il più elevato di tutti ed è imperativamente prescritto per ogni Sikh: "*Maledette le mani ed i piedi che non si impegnano nel sewa*".
(BhaiGurdas , Varan, 27.1)

Ciò è una particolare evoluzione della tradizione lavorativa indiana che coinvolge il lavoro fisico, dove questo è relegato alle caste più basse. Santificando il lavoro manuale come pratica religiosa d'onore, nella realtà Sikh si è stabilita la dignità del lavoro, un concetto un tempo sconosciuto nella società indiana. Da qui l'importanza(istituzionalizzata) del *"Taan"* nel *Sewa,* che oltretutto deve essere motivato ulteriormente da un atteggiamento non solo di compassione ma di una via pratica per servire Dio attraverso l'uomo.E dunque il Tempio o meglio il Gurdwara è il luogo dell'espressione, come più volte detto della spiritualità Sikh, è il luogo ove si concentra tale spiritualità e da dove nasce la partecipazione della comunità alla vita ed ai doveri sociali della comunità stessa senza il Tempio la comunità Sikh vivrebbe in unaforma *"azzoppata"* la propria spiritualità ed i propri principi e valori, perchè diverrebbe difficile per il singolo riuscire ad esteriorizzare a livello sociale ciò. Il tempio è infine l'elemento ditramite e di partenza dei principi, dei valori e delle azioni della comunità Sikh.

Fig.7-Momento di preghiera presso il tempio di Novellara(Reggio Emilia.)

CHI E' UN SIKH, CHI SONO I SIKH

Nel Punjab la parola Sikh significa anche *"imparare"*, deriva dalla radice sanscrito *"sisya"* che significa *discepolo* o *studente*. Guru Nanak fu il fondatore del Sikhismo che oggi è la quinta religione per importanza sul pianeta, il sistema religioso e di espressione è tradizionalmente conosciuta come la *"Gurmat"*, letteralmente il *consiglio dei Guru*, o anche *Sikh Dharma*. Un Sikh è dunque una persona che segue come sua guida spirituale il *Guru Sikh*. Tale guida altri non è che il *Guru GranthSahib*ovvero il testo sacro, l'essenza della religione Sikh, l'anima della fede la regola per ogni Sikh. Fu il decimo Guru (maestro) Guru GobindSingh a creare il testo sacro e a volere che dopo di lui fosse tale libro sacro il futuro Guru dei Sikh.

Il *Guru GranthSahib* chiamato anche *Granth* è molto più di una scrittura sacra per i Sikh, è come una entità vivente e sacra è il Guru per eccellenza. Composto di 1430 pagine raccoglie le parole effettivamente pronunciate dai fondatori della religione Sikh, ovvero i dieci Guru del Sikhismo, oltre alle parole di vari santi di altre religioni tra cui l'Islam e l'Induismo.

Come detto un Sikh ha quale guida spirituale il *Granth*, pratica la fede ed il ricordo *"Simran"* dell'unico Dio comunemente chiamato *Waheguru*, crede nella eguaglianza di tutti gli esseri umani e del servizio disinteressato per l'umanità, il *Sewa*.

Crede nella protezione dei deboli, il *Kurbani*, nel mantenimento della pace, pratica la promozione delle qualità personali dei singoli chiamate *Sat* (Verità), la compassione il*Daya*, l'umiltà il *Nimrata*, l'amore il *Pyare*; costantemente respinge la crudeltà il *Kam*, da cui i quattro fuochi ovvero la rabbia il *Krodh*, l'avidità il *Lobh*, l'attaccamento materiale il *Moth*, e l'ego l'*Ahankar*. In proposito a pagina 147 il Granth dice *"La crudeltà, l'attaccamento materiale, l'avidità e la rabbia sono i quattro fiumi di fuoco. Cadere in loro, uno è bruciato, o Nanak"*

Attraverso il *Khalsa* un Sikh diviene *"puro"*, il significato letterale della parola *Khalsa* è duplice, *"puro"* appunto, o *"appartenere al re"* di fatto questo si realizza attraverso il "battesimo" l'*Amrit*. Esso è una libera scelta che non ha un limite temporale o un momento, lo si realizza quando si è pronti. E' con il Khalsa che culturalmente si diviene un Sikh completo, per divenire un Khalsa egli deve arrendersi completamente alla verità di Dio e obbedire in tutto a Dio e solo allora un Sikh potrà dirsi Khalsa, da quel momento egli non dovrà desistere dal sacrificare tutto e oltre in una lotta per la giusta causa, ovvero garantire la sicurezza ed il benessere di tutta l'umanità.

Il Guru GobindSingh in proposito dice:*"Ilkhalsa è la mia vera immagine. Abito in Khalsa. Khalsa è il mio scopo principale. Io sono sempre con il Khalsa. Khalsa è il mio più caro amico.Khalsa è mia madre, il padre ed il mio conforto. Khalsa è la mia casta e il mio credo. La mia creazione è attraverso il Khalsa. Khalsa è il mio rifugio e deposito. A causa del Khalsa sono onorato. Khalsa è il mio corpo e lo spirito. Khalsa è la mia vita e l'anima. Khalsa è il mio vero totale Guru. Khalsa è il mio amico coraggioso. Khalsa è la mia saggezza e conoscenza. Sarò sempre per contemplare il Khalsa. Il tributo completo del Khalsa è oltre me. E' impossibile lodare veramente il*

Khalsa con una sola lingua. Certifico che di quanto sopra,nulla è falso.Dio e Guru Nanak sono i miei testimoni di questa verità".

All'interno degli elementi costitutivi di un Sikh non manca una importante visione delle altre religioni, esse sono una differente visione di una diversa cultura di Dio. *Waheguru* si presenta in modi diversi, con nomi diversi a culture diverse, egli è conscio della diversità degli umani poiché egli è il creatore, ed in tale coscienza della creazione ha evocato agli umani il suo essere in nomi e forme diverse, ma sempre nella concezione di un creatore unico, con nomi diversi. E dunque per un Sikh non esiste la conversione dell'altro, non esiste tentare di convertire un individuo al Sikkhismo, ma bensì aiutare l'altro a ritrovarsi nella propria religione quando egli ha perso la strada e la fiducia in essa. E' lecito e dovere spiegare agli altri cosa è il Sikkismo e cosa e chi è un Sikh, ma senza l'idea di influenzare gli altri, parlare della propria cultura della propria religione nell'ottica che la conoscenza è un fondamentale elemento di convivenza. Attraverso la conoscenza reciproca si possono quindi superare i pregiudizi e le diversità culturali, giungendo al rispetto ed alla civile convivenza. Ed è ciò che faceva Guru Nanak quando accompagnato dal suo amico BhaiMardanadi religione musulmana viaggiava nel subcontinente indiano incontrando e confrontandosi pacificamente con rappresentanti di altre religioni, nel pensiero della conoscenza e della comprensione. Dunque un Sikh non fa che ripercorrere quella strada già tracciata da Nanak, quella strada voluta dal supremo.

LA DONNA

Nel XV° secolo Guru NanakDevJi iniziò a difendere la donna in una cultura, quella indiana (e non solo) dove essa era in pratica sottoposta all'uomo, secondaria, doveva assolvere ai doveri del suo ruolo, ossia alle richieste dell'uomo fosse egli il marito, il padre, il fratello. In quell'ambito guru Nanak nel *Gurbani* (inni sacri riportati nel Granth) scrisse:

Dalla donna l'uomo è nato.

All'interno della donna l'uomo è stato concepito.

Con la donna l'uomo si è fidanzato.

Con la donna l'uomo si è fidanzato.

La donna crea nuove relazioni.

La donna è la procreatrice del mondo.

Quando la donna muore si cerca un'altra donna.

Dalla donna si fanno parentele.

Perché denigrare colei che dà vita ai re?

Senza donna non c'è vita.

O Nanak, solo Dio non è nato dalla donna.

(pag. 473, Sri guru GanthSahibJi)

E proprio con Nanak nel XV° secolo per la prima volta una religione inizia a sostenere con forza l'uguaglianza non solo di tutte le persone ma soprattutto della donna. Per la cultura Sikh la donna che è una figlia rappresenta il gioiello dei genitori, è una moglie e incarna l'amore del marito, è una madre ed è dunque colei che onora e si sacrifica per crescere i figli. La donna è alla pari degli uomini nell'arte, nella religione, nell'istruzione, in tutto.
Nel particolare dell'istruzione le donne sono un esempio particolare, affinchè un figlio cresca nell'ideale di una istruzione ed una cultura, la donna ne è il vettore, solo la donna può essere in grado di educare a tale visione un bambino, se la donna è una persona istruita il suo esempio sarà trasmesso ai figli. E questo è un ulteriore esempio

del fattore eguaglianza tra uomini e donne, la cultura Sikh spinge affinchè le donne siano il più possibile istruite, anzi mentre per un maschio sipuò anche prescindere, le donne sono educate all'istruzione poiché, come detto da lei prendono esempio i figli e oltretutto l'istruzione è un importante fattore di autonomia e libertà per le donne. A significare come le madri siano forza trainante per la parte non materiale della famiglia.

Ella è principessa dunque, ed in effetti il nome *Kaur* che si ritrova in tutte le donne Sikh sta a significare proprio ciò, Principessa. Ma non principessa del focolare domestico come può essere la visione in diverse culture, ma principessa della vita, il termine indica la visione sovrana e di fortezza oltre che fierezza della donna. Così come per i maschi il termine *Singh* significa Leone, al femminile la forza, la fierezza, la caparbietà di una donna è racchiusa in un termine che indica nobiltà e con questo tutto ciò che rappresenta una nobiltà. Nell'ambito del matrimonio per quanto possa essere in molti casi combinato, questo non significa che si sta pregiudicando la libertà femminile. Al matrimonio si giunge attraverso un fattore di conoscenza reciproca tra i singoli e tra le famiglie enon è *combinato* secondo i canoni di visione occidentale di tale parola. Oltretutto ciò che noi definiamo combinato ha una diversa dimensione nella cultura Sikh, ed è possibile tranquillamente non giungere al matrimonio se si ritiene che non può esserci incontro con il partner. Chi è un Sikh battezzato seguirà la tradizione culturale dove le famiglie si guarderanno intorno a ricercare quelle persone, quelle famiglie ove è possibile trovare una affinità, non solo personale ma anche culturale e religiosa. Chi non è battezzato pone a volte una visione diversa, facendo più attenzione allo stato sociale, invogliando ad un matrimonio che migliori il lignaggio e la posizione economica e sociale, ma senza la costrizione come la si intende in occidente. Ma ciò va guardato con gli occhi della cultura di cui si parla, sceverando pregiudizi che nell'osservazione e nello studio di una diversa cultura debbono essere un obbligo morale, osservare dunque senza giudicare poiché il giudizio significa la prevaricazione della cultura dell'osservatore, dello studioso. Osservare dunque senza il giudizio e con l'occhio antropologico. In proposito possiamo dire che il matrimonio è un importante elemento della vita sociale di un Sikh e pertanto la serenità e l'amore sono alla base di tale relazione poiché la famiglia che viene a crearsi è la base dell'essere culturalmente Sikh. Pertanto le famiglie prendono a cuore le unioni matrimoniali, facendo molta attenzione alla futura convivenza della coppia, nel senso che pongono attenzione al bene di questa e se in questa vi è la possibilità di una convivenza sana, vera, fatta di amore e rispetto reciproco. Nella differenziazione tra Sikh battezzati e non, nell'ambito delle relazioni matrimoniale si viene ad ingenerare anche una questione di responsabilità personale. Mentre per un battezzato il fallimento del matrimonio è una responsabilità non solo dei coniugi, ma anche delle famiglie di appartenenza, ove la dignità è lesa e toccata nel profondo, per i non battezzati i quali più frequentemente giungono a matrimoni non "combinati", nelle rispettive famiglieil disagio è meno sentito poiché non è lesa la dignità, il fallimento del matrimonio è visto quale personale responsabilità dei coniugi. Ma bisogna anche dire che comunque in ambo i casi subentra un fattore di imbarazzo nei confronti della comunità poiché ad occhi altrui un matrimonio fallito è una debolezza dei singoli ed eventualmente delle famiglied'altronde il Sikhismo non crede nel celibato e nel divorzio. La condizione matrimoniale e la vita di famiglia è considerata onorevole, naturale e addirittura ideale. Quindi da ciò si può immaginare cosa significhi un divorzio. Secondo la religione Sikh, il legame matrimoniale è un sacramento un'unione santa e non un contratto.

"Non sono moglie e marito coloro che soltanto si siedono vicini; invece lo sono coloro che hanno un solo e unico spirito comune in loro".
(Guru GranthSahib, p.788)

"Oh mio spirito, mantieni distaccato anche nella vita famigliare, se tu pratichi la verità, trattieni il tuo desiderio e fai buone opere, il tuo spirito sarà illuminato dalla grazia del Guru".
(Guru GranthSahib p.26)

Fig.8.-Donne nel costume tradizionale del Punjab, Vaisaki di Novellara, Aprile 2017

24

SIMBOLI SIKH

Come detto il Khalsa contrassegna e simboleggia la rinascita dell'essere umano, con tale passaggio inizia il *Sikh Khalsa*. Un Sikh Khalsa è colui che ha raggiunto la sua destinazione e si è perfezionato, che si è liberato e ha distrutto il suo ego e la sua personalità, che perciò non ha un cognome particolare ed è indicato con un termine generico nuovo, il suffisso Singh-Leone per gli uomini, Kaur-Principessa per le donne. Un vero Sikhnon è attaccato esclusivamente alle cose terrene, esse fanno parte della vita quotidiana egli comprende che in questa vita deve lavorare per la sua famiglia e per la sua comunità, egli deve principalmente condurre una vita pura, virtuosa e ricca di moralità, responsabile, piena di sentimenti puri e conseguire atti nobili in armonia con la dottrina Guru, ed in linea con il codice prescritto il *Rehat*.

Egli non deve mai permettere che la sua mente si allontani dal Signore Immortale e lo venera senza riserve e con amore e non crede in rituali o cerimonie che implicano il riconoscimento di qualche altra divinità.In una composizione del Guru GobindSingh si definisce tale pensiero, egli disse:

Colui che ripete notte e giorno il Nome di Lui,

colui cui il lume della fede è inestinguibile,

che non concede un solo pensiero a nessuno ma solo a Dio,

che ha l'amore e la fede completa in Dio,

che non ha fede nel digiuno,

nell'adorazione dei cimiteri e dei monasteri,

che riconosce soltanto un Dio e non adora altri idoli tra il pellegrinaggio,

l'elemosina, la carità e l'austerità (indù):

Egli è riconosciuto come membro vero del Khalsa,

nel suo cuore la luce dell'Uno Perfetto splende".

Il Sikh che viene inviato al battesimo è una persona consapevole e certa che l'*Amirat* lo avvia ad una nuova esistenza e tale esistenza non è semplicemente di carattere religiosa, è culturale dove i simboli che accetterà di portare fanno di sé un elemento portatore di una cultura, unica ed esclusiva, dove la Verità è la base e l'elemento distintivo di questa. Dunque 5 simboli saranno l'elemento che lo contraddistinguerà sempre dal momento del battesimo. Il battesimo iniziatico porterà all'individuo le *5 K*, i cinque simboli *Kes, Kirpan, Kachehra, Kanga, Kara*, il turbante ed un codice di condotta il *Sikh RehatMaryada*, che infine faranno di un sikh un *Sikh Khalsa*. Ciò gli

Fig.9- Comunità Sikh, Sikh Panth di Parma.

permetterà di divenire un membro completo e visibile del *Sikh Panth*, la comunità Sikh.

I cinque K ed il turbante come detto non sono unicamente simboli, essi conferiscono ai Sikh una immagine, che li rende riconoscibili al mondo e simboleggiano il suo comportamento. Lo rendono distinto e facilmente identificabile e come individuo ne forgia la mente ed il corpo, egli deve dunque essere forte nel corpo, nella mente e nell'anima.

KES. *Capelli*

I capelli vengono preservati senza mai tagliarli seguendo ciò che era stato dichiarato in uno dei comandamenti, l'*Hukamnama*, sono simbolo del Guru, di santità e conferiscono al seguace l'immagine data dall'investitura della spiritualità. Portare i capelli lunghi indica il ritorno ad una vita conforme alle regole della natura e rappresenta una controtendenza a quei rituali di negazione, che rappresentavano e rappresentano una negazione delle proprie responsabilità nei confronti della società e della famiglia, come ad esempio gli asceti che si depilano completamente.

KANGA. *Pettine.*

La pulizia del corpo è metafora della purezza interna, e questo richiede che i capelli debbano essere mantenuti puliti e in ordine per cui il pettine, ovvero il *Kanga* diviene indispensabile. Il pettine esclusivamente di legno è posto nel nodo dei capelli prima che essi vengano ricoperti con un turbante.

KARA. *Bracciale di ferro.*

Il *Kara* è definito come la Realtà Suprema, *SarbLoh*, "tutto acciaio", portato al braccio destro a ricordare che è un attributo di Dio. Esso è forgiato in ferro e nessun altro materiale può essere utilizzato. La sua forma circolare ricorda l'elemento perfetto, il cerchio, appunto Dio e l'elemento di cui è composto era al tempo della sua istituzione la cosa più dura esistente. E rappresenta dunque la forza, l'assoluta indistruttibilità, la perfezione di Dio.

KIRPAN. *Spada.*

Il Kirpan, la spada è una sintesi di due parole: Kirpa che significa pietà o bontà e Aan che significa onore, indicano ed evidenziano lo scopo per cui deve essere usato. Nella definizione linguistica Sikh esprime un doppio significato. Bhagauti (spada) è un nome attribuito all'Onnipotente. Il portatore di spada quindi ritiene di essere sempre sotto la protezione dell'Onnipotente. In secondo luogo il Kirpan simboleggia la manifestazione dello Shakti (Potenza) o Maestosità Divina e deve essere usato in difesa della giustizia e contro la malvagità quale ultima risorsa quando tutti gli altri mezzi non sono più sufficienti. La spada, considerataquale sinonimo di Dio, principio generativo basilare, potere supremo di questi deve essere usata solo per sostenere l'ordine morale ed annientare le forze negative, il suo uso è però simbolico poiché la spada non è mai stata nella cultura Sikh simbolo di aggressione e non è stata mai usata a beneficio proprio o per perseguire la gloria, attraverso la morte di un altro essere umano. Ma bensì attraverso ciò che rappresenta simbolicamente, quale arma di Dio. Essa è associata al combattimento aperto, governato da principi etici e morali, da lealtà e virtù. Secondo la tradizione antica essa è un arma tipica della difesa e dell'offesa, è un diritto fondamentale portarla con sé, diritto degli uomini liberi e degli individui padroni di se stessi. Ma soprattutto resta un elemento caratteristico e esclusivamente simbolico, anche se molti la guardano come un arma e ne analizzano la negatività, ma un elemento simbolico-culturale non è mai un'arma, è una espressione che va oltre e nel contesto Sikh è Dio l'oltre elemento.
La spada del Sikh è uno strumento che rappresenta inoltre un simbolo di indipendenza, di potenza e di rispetto di se stessi. Denominato Durga o Bhagauti è così elogiato:

La spada che colpisce in un lampo,

che mette in fuga gli eserciti del malvagio,

nel grande campo di battaglia,

o simbolo del coraggioso.

Il tuo braccio è irresistibile, la tua luminosità brilla,

lo splendore del nero abbaglia come il sole.

O spada, sei il flagello del malvagio;

tu disperdi i peccatori, trovo rifugio in te.

Lode al Creatore; Salvatore e Sostenitore,

Lode a te: Spada suprema.

(DasamGranth: BacitraNatak, pag.39)

Fig.10- Il Kirpan, dal Vaisaki di Novellara, Aprile 2017

KACHERA. *Pantaloni corti al ginocchio.*

Il *Kachera*, o *Kacha*, è parte integrante della pratica di igiene del corpo. Esso simboleggia l'impegno del Sikh nell'esercitare il controllo delle sue attività sessuali. E' dunque l'elemento che ricorda come la lussuria sia tra i quattro mali di fuoco, tra gli elementi che deviano inesorabilmente le virtù umane, portando l'essere umano fuori dal raggiungere la spiritualità dell'onnipotente. E' un simbolo di castità e di fedeltà, quella castità intesa come fedeltà all'interno del vincolo matrimoniale.

TURBANTE

Il turbante di un Sikh è il simbolo che lo identifica al primo sguardo è una dichiarazione della dedizione al Guru e dell'appartenenza al Khalsa, tra i Sikh il turbante e la storia del rispetto di questo è vecchia quanto la religione stessa.
I capelli non tagliati ed il turbante sono una dichiarazione di vita conforme ai predicati del Sikhismo ed alla eterna disponibilità al sacrificio di se stessi per gli insegnamenti dei Guru Sikh.
Esso è un telo di stoffa, bianco o colorato, solitamente lungo cinque metri e largo uno sapientemente arrotolato intorno al capo.
Esistono turbanti preparati anche con nove metri di stoffa, la varietà dei colori in molti casi rappresenta anche uno stato d'animo. Ma la sua lunghezza dipende anche dal piacere di chi lo indossa e la sua lunghezza varia anche in base a ciò.
Contemporaneamente il suo colore è anche definito in base a momenti particolari della vita, quale il matrimonio, la nascita, o come già detto gli stati d'animo. Nei matrimoni lo sposo porta spesso un turbante di colore rosso così come il vestito della sposa, e tale colore rappresenta l'amore. Il bianco è il colore della religione e rappresenta uno stato d'animo pacifico e armonioso; di solito sono gli anziani a portare il turbante bianco a significare che hanno vissuto la loro vita con onore e non hanno macchie di peccati sul loro turbante. Non vi è maggior dolore ed offesa per un Sikh dell'obbligarlo a togliere il turbante, significa strappargli via la propria identità, la propria anima.

Fig.11- Esemplare di turbante, lunghezza nove metri, dal Vaisaki di Novellara (Aprile 2017).

Fig.12- Esemplare di turbante colore bianco, tipico degli anziani.

Il blu è il colore dell'entusiasmo, il nero è un colore di protesta e spesso i Sikh lo indossano in momenti di protesta sociale. Il colore arancione è il colore per eccellenza dei Sikh ed ha in esso unavisione molto particolare. Il colore arancione della bandiera, voluto da Guru GobindSinghJi, esprime appieno la natura della cultura Sikh, il coraggio, la determinazione, il non avere paura dinanzi alla morte poiché essa è un evento naturale, nel cuore di un uomo non deve esserci paura per questo evento naturale, e i Sikh pensano che *"prima si accetta la morte, poi si comincia a vivere"*. Il colore arancione è dunque il colore con cui nella cultura Sikh si manifesta il coraggio ed è ciò che rappresenta la bandiera insieme al *Khanda* il simbolo. Per un Sikh questo elemento non è solo la rappresentazione della propria identità, ma è l'insieme dell'identità, della cultura, della religione, è esso la rappresentazione della vita, della sostanza di questa.

IL KHANDA

Il *Khanda* è il simbolo che contraddistingue i Sikh, li contraddistingue come popolo ed è presente nella bandieradel Punjab. Esso raffigura tre simboli uniti in un'unica entità, ovvero una spada centrale a doppio taglio, un anello circolare e due spade ai lati.Per la sua importanza può essere paragonato alla Croce, simbolo del Cristianesimo, e alla Stella di David simbolo dell' Ebraismo. È anche l'emblema della *NishanSahib*, bandiera sacra del Sikhismo. Il nome deriva dall'elemento centrale il *Khanda* che rappresenta il potere onnipotente del Creatore, simbolizza la giustizia divina, la libertà e l'autorità governata dai valori morali e spirituali. Il cerchio posto al centro, chiamato *Chakar* (o Chakkar), è senza inizio né fine e simboleggia l'infinito e la perfezione di Dio è dunque il simbolo della manifestazione divina.Le due lame all'esterno, dette *Kirpans*, sono una metafora dell'equilibrio spirituale e temporale dell'universo. Per un Sikh, infatti, gli aneliti spirituali e gli obblighi per la società devono avere la stessa importanza. In sintesi il simbolo del *Khanda* rappresenta la virtù guerriera ed il potere temporale e spirituale.

Fig.13 -Bandiera del Punjab.

Fig.14 -Il Kanda del Gurdwara di Novellara, a rappresentare un luogo ove è possibile trovare aiuto e ristoro .

IL PROGETTO MIGRATORIO E LA RESILIENZA ATTRAVERSO LE TESTIMONIANZE.

Abbiamo a lungo parlato della cultura e della Religione Sikh, analizzandone gli aspetti importanti, il modo di pensare, la spiritualità, la visione e l'approccio alla vita ed al mondo. Tutto ciò di cui si è parlato ha avuto l'intenzione di analizzare la cultura di un popolo per poi comprendere, attraverso le testimonianze come abbiano gli usi, i costumi, il pensiero sociale e religioso aiutato le comunità ed i singoli nell'affrontare il progetto migratorio nell'immediato, ed in seguito aiutato gli stessi nella realizzazione del progetto e nel resistere a ciò che negli anni è potuto cambiare. In particolare come gli stessi individui abbiano vissuto e vivono i cambiamenti sociali in atto da alcuni anni, la strisciante e crescente xenofobia, se questa tocca la propria comunità, se questa parte dagli indigeni o arrivi da altri stranieri. Ed infine guarderemo nella realtà delle parole dei singoli quali siano stati e quali sono i progetti familiari e non, l'aspirazione per il futuro dei figli e del proprio. Forse dalle parole si comprenderà meglio.

TESTIMONIANZE DAL GURDWARA DI NOVELLARA

Testimonianza 1

Individuo di sesso maschile, anni 37, residente provincia di Reggio Emilia. Occupazione: Operaio Metalmeccanico.Grado di istruzione: secondo anno di scuola superiore (istituto agrario). Coniugato, tre figli.In Italia dal 1997.

Raccontami della tua migrazione, la scelta, il perché hai deciso di emigrare?

Sono giunto in Italia 20 anni fa avevo appena compiuto 17 anni. Raggiunsi prima la Francia, poi l'Italia quale minore non accompagnato. La scelta di emigrare fu dettata dalla situazione sociale del mio paese, i miei genitori erano dei coltivatori diretti, proprietari dei terreni che coltivavamo, ma in quegli anni la famiglia ci viveva con quel che si produceva ma non riuscivamo a fare progressi. Io ho altri due fratelli più grandi per cui cominciammo a ragionare in casa che nel momento che si sarebbe giunti ad un matrimonio, la situazione economica non avrebbe permesso nessuna crescita, a nessuno di noi. Per cui si decise una sera che io, che ero il più giovane sarei partito.

Per i miei genitori ed i miei fratelli fu un gran dolore la mia partenza, io la presi con filosofia pensai alla cosa come una avventura anche se soffrivo per i miei genitori. Giunsi in Francia con visto turistico poi proseguii dopo un po' per l'Italia, dove giunsi a Novellara, qui avevo dei contatti. Ho iniziato quasi subito a lavorare come metalmeccanico e sono rimasto sempre nella stessa impresa. Il mio sacrificio ha aiutato la mia famiglia ad andare avanti con grande dignità, io ed i miei fratelli abbiamo potuto formarci una famiglia, poi loro mi hanno raggiunto e si sono stabiliti qui. Da alcuni anni ci hanno raggiunto i nostri genitori, che anziani hanno qualche problema di salute, ci occupiamo così di loro della loro vecchiaia affinchè possa essere una vecchiaia serena, si godono la presenza dei nipoti.

Con gli occhi di oggi il progetto migratorio ritieni abbia avuto successo?

Si come vedi e come ti ho detto a distanza di 20 anni quella partenza ha dato ottimi frutti.

Dunque pensi che i tuoi genitori 20 anni fa videro giusta quella scelta ?

Si essi volevano il bene della famiglia e la scelta, il sacrificio ricadde su di me perché ero il più giovane, il più forte in un certo senso. Sono contento di quella scelta perché ha dato un ottimo futuro non solo a me, ha dato opportunità a tutta la mia famiglia, ai miei nipoti, ai miei stessi genitori. Sono orgoglioso di quella scelta dei risultati di quella scelta.

Hai figli ?

Si tre figli, due maschi ed una femminuccia, la bambina l'ho adottata:

Ah però!

Perché "ah però". Sono felice di questa cosa!

Scusami non volevo offenderti, trovo la cosa molto bella, un atto di grande cuore.

Volevamo una bambina, ma non abbiamo avuto più possibilità, così abbiamo adottato una nostra nipote. Aveva tre anni quando è venuta a vivere con noi, ed ha reso completa la nostra famiglia, senza una femminuccia sembrava mancare qualcosa, ci tenevamo così tanto, ed in fondo alla fine Dio ci ha dato una possibilità diversa. Oggi ha 11 anni è una bimba molto studiosa, è bravissima a scuola. Lo sono anche i due maschietti, sono molto vivaci, se fossero qui con noi oggi non riusciremmo a parlare sarebbero a chiederci mille cose, sono curiosi, bravi a scuola.

Quale è il progetto per i tuoi figli, o meglio cosa speri per i tuoi figli. So che questa è una domanda retorica immagino già la risposta, chiunque ho sentito mi ha dato la stessa risposta.

<u>Segue una lunga risata poi la risposta</u>: spero fortemente che studino, si facciano una cultura, una istruzione quanto maggiore possa essere. Mi auguro che tutti e tre frequentino l'università, si laureino, io ci sarò e li aiuterò sempre in questo. Può darsi anche non accada, ma è una loro scelta, ma almeno debbono giungere ad un diploma. Ciò gli permetterà di fare un lavoro migliore, se studiano, se giungeranno alla Laurea, possono anche fare l'operaio ma possono aspirare a crescere, se non studiano dovranno fare solo l'operaio e questo non va bene. Nella vita bisogna crescere, migliorarsi e l'istruzione dà queste possibilità. Poi se uno preferisce fare l'operaio va bene lo stesso, potrà scegliere se gli piace, potrà decidere di fare l'ingegnere se non vuole fare più l'operaio. Voglio dire se hai una Laurea puoi scegliere di fare un lavoro qualsiasi per cominciare, però puoi scegliere anche di fare il lavoro per cui hai studiato, puoi emigrare con un bagaglio che ti da altre possibilità. Se non studi hai poco da fare, non potrai mai salire, solo restare sul piano che stai.

Rido ancora e dico: non avevo dubbio alcuno su quel che avresti detto.
Una ultima domanda, hai avuto mai problemi di xenofobia, in passato ed anche oggi?

Guarda ti dico, io sono molto impegnato nel volontariato, giro molto, ho partecipato a diverse missioni, il terremoto dell'Emilia, quello delle Marche, alcuni eventi alluvionali, grandi concerti. Nessuno mi ha mai detto mezza parola, sono stato in luoghi dove ci si aspetterebbero delle frasi xenofobe, ma non è mai successo. Qui poi mi conoscono tutti, ho amici di molte nazionalità diverse, e tanti tanti italiani. Non parlo solo di amicizie con italiani nel campo del lavoro, ma anche e soprattutto fuori dal lavoro. Il mio impegno come volontario mi ha, negli anni dato la possibilità di conoscere persone di ogni estrazione sociale, di avere contatti e riferimenti in molteplici ambiti, le forze dell'ordine, le prefetture, servizi sociali, funzionari di vario genere nel pubblico e mai ti dico mai nessuno mi ha detto una parola fuori posto. A volte mi chiedono da dove vengo, la mia immagine esteriore, intendo il turbante, la barba, incuriosiscono le persone, per cui chiedono, sono curiosi. Io rispondo sempre e sono sempre felice di far capire cosa è il Sikkhismo, di spiegare chi sono, cosa sono, ma ti ripeto mai avuto problemi da nessuno mai un atteggiamento di razzismo, in 20 anni, mai ti dico.

Ti ringrazio, grazie per il tuo aiuto.

Felice di esserti stato di aiuto, poi mi farai leggere il tuo lavoro?
E certo che si, anzi ci tengo che la comunità lo conosca e lo valuti.

Testimonianza 2.

Individuo di sesso maschile, anni 47, residente in provincia di Reggio Emilia. Occupazione:Operaio Metalmeccanico.Grado di istruzione: Laurea in Agraria. Coniugato, due figli.In Italia dal 1993.

Ti chiedo, raccontami della tua scelta migratoria, come è stato il progetto?

Sono figlio di contadini, dopo la Laurea ho deciso di partire, di emigrare. Non avevamo in famiglia problemi economici, ma neanche si prospettava una crescita. La situazione economica del paese permetteva di vivere, con dignità ma non sperare in un miglioramento della nostra posizione. Per spiegarti i miei figli non avrebbero potuto aspirare ad una istruzione universitaria. Sono giunto in Italia nel 1993 giunsi a Novellara perché avevo dei contatti, ma in quel periodo lavoravo poco, qualche giorno a settimana come bracciante. Mi iscrissi ad un corso di formazione per metalmeccanico, anche perché in quegli anni per incentivare le persone i corsi prevedevano una sorta di remunerazione. Passarono alcune settimane ma non mi chiamavano, così trovai lavoro ad Isernia in una azienda agricola. Giunsi sul posto e cominciai subito a lavorare, dopo un po' cominciarono a trattarmi come uno di famiglia, mi mettevano a disposizione l'auto per poter uscire, sai l'azienda era parecchio fuori mano e per potersi muovere occorreva un mezzo. Mi pagavano pochino per quei tempi circa 800.000 lire ma avevo vitto in abbondanza, potevo tranquillamente usufruire del loro frigorifero, sempre pieno di bibite, frutta, cibi vari, mi dicevano che potevo mangiare e bere quanto e quando volevo. Mi occupavo degli animali, e della campagna.

Intendi la mungitura?

No l'alimentazione, avevano dei mungitori locali, io mi occupavo della stalla, e nell'arco della giornata dei campi e dei frutteti. Sai per me non era un problema, vengo da una estrazione contadina e nella mia terra, nel Punjab l'agricoltura l'abbiamo nel sangue è una terra di agricoltori. Poi essendo laureato in Agraria tutto era per me uno scherzo, non era un lavoro faticoso.
Poi mi telefonarono un giorno dopo qualche mese che ero lì, mi cercavano perché dovevo iniziare il corso da lì ad una settimana. Non ci pensai su e accettai, mi avrebbero pagato 5.000 lire l'ora ed alla fine per i tre mesi del corso avrei ricevuto 600.000 lire al mese, dunque per me era conveniente. In fondo non avevo spese se non il mangiare ed il fitto di una stanza, i soldi guadagnati ad Isernia li avevo da parte quindi potevo riuscire a vivere. Ebbi qualche storia con i datori ad Isernia perché mi imposero che avrei dovuto trovare un mio sostituto altrimenti non mi avrebbero pagato il mese di lavoro. Dovetti perdere del tempo con telefonate ma alla fine trovai un connazionale che mi sostituì. Mi diedero i soldi e dopo qualche settimana li contattai per sapere come andava il mio sostituto. Erano contenti della persona e mi ringraziarono per questo. Sono rimasto in amicizia con loro, ogni tanto li sento, ci sentiamo, in qualche ricorrenza per i Sikh che hanno combattuto in Italia, trovandomi a Sud sono anche andato a trovarli. Il mio connazionale vive ancora lì, lavora ancora con loro, ed è contento del suo datore.
Tornando a qui, conclusi il corso e cominciai a fare domande di lavoro. Fui assunto quasi subito dopo la fine del corso, nella fabbrica di trattori……. Dove lavoro ancora oggi. Negli anni sono cresciuto, intendo professionalmente, oggi sono caporeparto. Non ho mai fatto un giorno di malattia in 20 anni.

Da allora come è evoluto il tuo progetto migratorio?

Mandavo dei soldi in Punjab, poi ho messo su famiglia, ho oggi due figli un maschio e una femmina sono qui al tempio stamane……oh eccoli, mia moglie ed i miei figli te li presento.

Tornando a noi, poi ho comprato casa, era un obiettivo importante, una casa propria è una casa tua la vivi in serenità, la famiglia è più serena se la casa è tua, è un importante obiettivo tra i Sikh avere la casa di proprietà.

Speri i tuoi figli studino?

Certo vorrei giungessero a laurearsi un giorno, oggi sono piccoli hanno meno di dieci anni, ma con mia moglie li educhiamo affinchè crescano con questa mentalità. L'istruzione è una cosa molto importante, ci teniamo molto, a casa è mia moglie che li educa a questo pensiero. Penso che i miei figli andranno un giorno all'università, ma non perché lo voglio io o mia moglie, ma perché a casa diamo molta importanza all'istruzione. Mia moglie soprattutto si impegna in questo, sai la mamma in questo ha un ruolo molto importante, se una donna dà a ciò un valore, riesce a farlo divenire un valore anche per i figli. Nessuno come una mamma può dare i giusti valori a dei figli, in questo caso si conta anche il padre, ma lo sai i papà passano meno tempo con i figli, la mamma anche se lavora è un'altra cosa. Se poi un giorno dovessero laurearsi e non riuscire a fare la professione per cui hanno studiato non è importante, possono sempre avere delle opportunità, perché una istruzione elevata, è sempre un qualcosa che ti permette di poter salire, puoi iniziare dal basso e salire, se le cose vanno poi male puoi scendere, perché può succedere, ma hai sempre un qualcosa in più. Puoi anche scegliere, se non hai studiato devi fare solo una cosa come lavoro o fare lavori duri senza avere grandi speranze di cambiamento. Se per esempio non hai una istruzione e fai che so il bracciante, potrai fare il manovale, potrai fare il mungitore anche altro ma più di così....Se studi scegli, puoi anche andare in un altro paese e pensare ad un lavoro ben pagato. Io ho una figlia e penso che se studia potrà anche emigrare un giorno, ma di certo se emigra da laureata, vivrà in un altro modo, con più tranquillità, con più aspirazioni. E' importante questo, capisci.

Certo che capisco, anzi condivido in pieno il tuo pensiero.Dimmi di più di te del tuo lavoro, come è stata la vita sociale in Italia. Hai mai avuto problemi con italiani o stranieri, in passato o anche oggi?

Ti avevo detto che con il tempo sono divenuto caporeparto, ma non solo perché mi sono sempre aggiornato, ma perché conosco tutte le macchine del mio reparto. Se qualcosa si guasta, o non va riesco quasi sempre a sistemarle o se non ci riesco so cosa non va. Ho lavorato su tutte per questo le conosco e quando so che ne giunge una nuova ci lavoro su, imparo cosa fa e come lo fa. Poi il mio lavoro mi piace molto, è impegnativo ma non mi tiro mai indietro, i proprietari mi vogliono bene, mi hanno sempre trattato bene ed ho sempre ricambiato la loro fiducia. Non ho mai avuto problemi con gli italiani, se intendi problemi di razzismo, non è mai accaduto. Sul lavoro nessuno ha mai recriminato la mia posizione, qualche volta qualcuno si è lamentato quando ci sono state delle promozioni, ma i padroni hanno sempre messo a tacere chi si lamentava, facendo notare che io mi aggiorno sempre, sono il primo ad arrivare in reparto e l'ultimo ad andarsene, che riesco anche a mediare tra i lavoratori ed i dirigenti, spesso i miglioramenti, dicono, sono giunti per la mia mediazione per cui a qualcuno che aveva da dire infine dicevano che se non andava bene potevano anche andarsene. Però io ho sempre chiarito, e sono rimasto sempre in buoni rapporti con tutti. Ho rapporti con altri stranieri perlopiù indiani se vogliamo chiamarli stranieri, in realtà sono miei connazionali, per essere precisi con Indù, qualche nordafricano, però con quei pochi che conosco non ho mai avuto problemi.

La crisi economica nel tuo lavoro si è sentita? Ci sono stati problemi, che so, di licenziamenti, momenti di preoccupazione?

Beh la crisi si è fatta sentire in fabbrica, non ci sono stati licenziamenti ma per diversi anni non ci sono state assunzioni. Da un anno circa hanno ricominciato ad assumere, giovani operai perlopiù, però debbo anche dire che finora quei pochi che sono arrivati dopo un poco sono andati via. E' un fatto di mentalità, di educazione secondo me, sai pensano che sia semplice il lavoro, però non è così, soprattutto alcuni settori sono stancanti ed anche monotoni, dopo un po' mollano, non hanno senso del sacrificio. Io dico iniziate poi con il tempo arriveranno anche altre opportunità, non si può pensare di essere un caporeparto o un dirigente la sera per la mattina, ma non ne vogliono sapere. Hanno anche assunto qualche straniero ma non hanno avuto migliori risultati.

Cosa intendi per straniero?

Intendo giovani nati qui figli di emigranti, stranieri di seconda generazione se vuoi. Ma i risultati ti dicevo non sono stati migliori. Non analizzo nel profondo la cosa, però debbo essere sincero, ho cercato di convincere la dirigenza ad assumere dei giovani Sikh, non perché siano Sikh o migliori di altri, ma perché hanno una mentalità diversa. Io posso garantire per loro, per la loro serietà, conosco tutte le famiglie Sikh della zona, per via del mio incarico nel tempio ho a che fare con tutti e se propongo qualcuno è quasi certo che non farà fare brutta figura ne a me, ne alla sua famiglia. Sai è una questione di onore, prima di accettare ci pensano bene, valutano con molta attenzione, si confrontano con la famiglia, se un giovane Sikh pensa di non riuscire in un dato lavoro, non ti fa fare brutta figura, dice di no senza neanche cominciare. Sai non vuole fare brutta figura, poi la brutta figura se la porta dietro, gli altri poi dicono "quello ti fa fare brutta figura, non ci si deve fidare" e la brutta figura la fa anche la famiglia. Quindi capisci, bisogna pensare alle cose che si vuol fare, se si decide di iniziare una cosa non la puoi lasciare a metà facendo brutta figura, se ci sono migliori opportunità va bene, ma mai lasciare una cosa a metà e restare senza fare nulla non è così che si vive.

Sai ho aiutato molte persone per via dei contatti che ho costruito nel tempo. Conosco tanti imprenditori, anche agricoli, ho i numeri di telefono di tanti, spesso chiamo per sapere se hanno bisogno di lavoratori, gli sto sempre un po' dietro, sai se c'è una qualche occasione presento qualcuno.

Ma cosa ti torna in questo genere di impegno, non intendo materiale, non credo tu prenda soldi.

<u>*Sorride ammiccando e perdonandomi l'ultima affermazionepoi risponde:*</u> *Mi impegno perché è un dettame della mia cultura, della mia religione. Non cerco nulla, e non esiste io riceva alcunché, ma so che facendo così faccio del bene ad un mio fratello, alla sua famiglia, alla comunità. Sono sempre molto felice quando riesco a far assumere qualcuno, perché ho dato una opportunità di vita ad un altro. E' così che dobbiamo comportarci, io conosco tante persone e perché non debbo mettere a disposizione degli altri questa cosa. E' una buona cosa e può non far che del bene. Dio lo vuole e dunque....*

Bene, direi di fermarci abbiamo chiacchierato a lungo, va bene così, poi avremo altre occasioni per parlare di altro, se sei d'accordo.

Va bene, sono felice di averti potuto aiutare, B...... mi aveva parlato di te sei come ti aveva descritto, e mi fa piacere che ti stai occupando di una cosa così profonda, di così dentro alla nostra comunità, è la prima volta che qualcuno entra nel profondo della nostra migrazione, parlando con tante persone di ogni età.

Figurati, però così mi metti a disagio, faccio solo una ricerca su un argomento particolare nulla più.

Secondo me è più di quel che dici tu, ma va bene così. A presto e vieni quando vuoi sei sempre il benvenuto.

Testimonianza 3.

Individuo di sesso femminile, anni 19 (nata in Italia), residente in provincia di Reggio Emilia . Occupazione: Studentessa Universitaria, corso di laurea in Pedagogia.

Mi parleresti della tua famiglia, se conosci il loro progetto migratorio? Tu sei giovane, nata in Italia, più avvezza alla mentalità di questo paese. Ti chiedo nell'ambiente circostante, la scuola, il paese, i luoghi di frequentazione ti sei sempre trovata a tuo agio? Ti sei mai sentita oggetto di discriminazioni, di forme di razzismo o xenofobia?

La mia famiglia è giunta qui circa 30 anni fa, in verità ci giunse mio padre e dopo qualche anno ha ricongiunto la famiglia, mia madre e mio fratello che ha oggi 27 anni.

Mio padre lavora come metalmeccanico, ha sempre svolto questo lavoro. Ha un diploma di scuola superiore tecnica industriale. A volte a casa si parla della migrazione della famiglia, e mio padre dice che in quegli anni vi erano problemi di ordine sociale nel Punjab, che era difficile guardare al futuro, non vi era serenità, così decise di venire in Italia. Venne qui perché vi erano dei parenti e non fu difficile trovare lavoro.

L'appartamento dove viviamo è di nostra proprietà, mio padre lo ha acquistato molti anni fa e con il tempo lo ha ristrutturato.

A scuola non ho mai avuto problemi di razzismo, tranne per una compagna alle scuole superiori che mi trattava male, ma nella classe era l'unica e le altre compagne tendevano ad isolarla quando si comportava così. Io però ne avevo timore ed il suo atteggiamento spesso mi faceva star male, a volte diceva che emanavo un cattivo odore. Qualche volta ci ho pianto, ma quando certe cose le diceva in gruppo veniva sistematicamente isolata dagli altri.

All'università è diverso è un ambiente molto aperto, non che non lo fosse anche la scuola, ma ci sono molti giovani di origini diverse, poi in fondo si frequenta chi si vuole, non si vive per anni in un luogo con altri che non puoi non incontrare, una classe insomma. Altrove in paese, non ho mai avuto problemi.

Mi ha colpito molto la questione dell'odore, l'odore del corpo varia in base a cosa si mangia. Alla cultura di provenienza, che so ad esempio nel mio paese si mangia spesso la cipolla, un tempo si faceva la zuppa che cuoceva al fuoco per ore. Ebbene se la mangiavi e sudavi, l'odore era di cipolla. Ma nessuno se ne meravigliava.

Si questo è vero, noi usiamo molte spezie ed alcune danno un odore più intenso alla pelle, ma per la mia compagna di classe era un cattivo odore, però come ti ho detto in pubblico gli altri la rimproveravano. Io oggi penso che il suo atteggiamento fosse dettato dall'ambiente familiare, penso da un ambiente xenofobo, perché sembrava avercela con tutto ciò che ai suoi occhi appariva diverso, stranieri, omosessuali. Nessuno si preoccupava dell'odore di un altro se non lei, però ora non la vedo più ed è meglio così, penso bisogna stare lontano da persone così, non sono positive non ti danno nulla, non sono insomma un miglioramento.

Pensi che ci possa essere o hai visto del sentimento razzista da parte degli stranieri verso i Sikh?

Io personalmente non ho mai notato questa cosa, però mia cognata, la moglie di mio fratello dice che c'è. E' arrivata in Italia sei mesi fa quando ha sposato mio fratello. Lei non parla ancora l'Italiano, però cerca di muoversi in paese. Dice che i coinquilini italiani del condominio dove viviamo sono sempre molto disponibili nei *suoi confronti, la salutano sempre, fanno i complimenti a mio fratello ai miei genitori. Lei dice di avere la sensazione che gli stranieri del condominio nutrono dei sentimenti di ostilità, ha come l'impressione che pensino che li stiamo derubando di qualcosa.*

Quante sono le famiglie straniere del condominio?

Compresi noi quattro e due sono italiani. Vi è una famiglia filippina, una pakistana, una nord africana ed infine noi.

Il tuo progetto per il futuro?

Laurearmi ovviamente, poi vedremo come le cose evolveranno.

L'istruzione rientravanel progetto dei tuoi genitori, per i figli intendo?

Si era ed è tra gli obiettivi principali. Mio fratello si è fermato alle superiori ed oggi lavora come metalmeccanico. Io ho scelto da me, è stata una mia decisione, ma i miei genitori mi hanno appoggiata in pieno. Sono felici che io studi.

Cosa altro fai oltre studiare?

Beh partecipo alle attività del tempio, mi occupo anche di attività di volontariato quale la sensibilizzazione per la donazione del midollo. Mi occupo anche dell'aiuto scolastico per bambini, e ad attività di conservazione e trasmissione della cultura Sikh.

Ammirevole per una persona della tua età, i miei complimenti. Grazie per l'aiuto.

Testimonianza 4

Individuo di sesso maschile. Età 58 anni, residente in Provincia di Reggio Emilia. In Italia dal 1991. Occupazione: Operaio Metalmeccanico. Intervista realizzata in lingua Punjabi.

Le chiedo se vuole raccontarmi della sua migrazione, di come è andata, quali erano le aspettative.

Sono giunto in Italia nel 1991 come clandestino, quando sono giunto sono riuscito a trovare lavoro in un circo come aiutante, ciò mi ha permesso poi di avere i documenti, ma è stato un brutto periodo ho lavorato tanto, in brutte condizioni anche,solo per la mia famiglia, a cui ci tenevo e ci tengo tanto. Non sapevo a cosa andavo incontro, quindi non avevo aspettative. Sapevo solo di lavorare per poi chiamare qui i miei cari. Ho attraversato confini, non sapevo nemmeno di giungere salvo.Avevo alle spalle un debito da risanare. Ho passato brutti momenti, in cui lavoravo tanto in condizioni rischiose, non avevo niente da mangiare e sai cosa facevo per sfamarmi? Mangiavo il pane che buttavano davanti ai cavalli (*l'uomo si commuove*),poi anche i parenti non mi parlavanoquando non hai soldi nessuno ti parla. Io ringrazio tanto lo zio di mia moglie e mio cugino che abitavano in Italia che mi hanno sostenuto in questo periodo difficile. Solo grazie a loro sono qui.

Mi racconti ancora delle difficoltà, se vuole ovviamente.

Ho incontrato svariate difficoltà ho dovuto tagliare i capelli e la barba perché secondo il mio datore di lavoro questi compromettevano le mia mansione. Poi la comunicazione, la lingua è stata una grossa difficoltà. Dopo sono riuscito a risanare il mio debito e ho cambiato lavoro, mi sono fatto ricrescere la barba ed i capelli ed ho cominciato a riportare il turbante. L'integrazione era difficile in quel periodo, però la gente era molto aperta. Adesso la società è cambiata non c'è più l'empatia di una volta.

Come vede l'immigrazione oggi, rispetto al passato?

Oggi tutto è più semplice, ma il brutto è che le persone che arrivano con documenti già pronti, tutto pianificato già da prima non sono capaci di rendersi conto di quello che hanno,perché non hanno sudato per averlo.Danno per scontato tante cose, anche le più semplici, per esempio mangiare, cosa che per me non lo era affatto. Oggi le persone arrivano su ricongiungimenti, con sponsore non sanno cosa significa sudare per ottenere le cose.

Le sue aspettative per il futuro?

Io non pretendo tanto, vorrei solo avere una vita tranquilla, avere la mia pensione. Sono 20 anni che lavoro nella stessa ditta, mi trovo benesono tutti molto cordiali.

Per quel che riguarda l'integrazione cosa pensa?

Io ci credo nell'integrazione, se ti dimostri aperto, con voglia di conoscere l'altro con rispetto, ottieni anche tu a tua volta. Capisco che all'inizio è difficile per svariati motivi, ma ci si può arrivare. Io per esempio ho incontrato difficoltà di integrazione perché ho dovuto per quel periodo perdere la mia identità tagliando i capelli non è stato per niente facile. Ma non avevo altre scelte. Per avere documenti regolari, per poter lavorare dovevo farlo, avevo una famiglia da mantenere. Nessuna persona di per sé è brutta o malvagia, ma lo è il suo comportamento. Non scappare se vedi *qualcuno di diverso, ma conoscilo e poi valuta se ti piace o meno. Se non ti piace e se capisci che il suo comportamento fa male a lui stesso, cerca di cambiarloma per il suo bene non per il proprio. Le persone che ho incontrato, anche i miei parenti, mi hanno parlato solo quando avevo soldi. Ho vissuto momenti molto bruttiauguro e voglio che i miei figli non possano vedere le cose che ho visto io. Ma devono capire che alcune bisogna sudarsele per averle, solo così si renderanno conto del loro valore.*

Testimonianza 5.

Individuo di sesso maschile, età anni 60. In Italia dal 1987. Residente in provincia di Reggio Emilia. Occupazione:Operaio zootecnico, allevamento di suini. Intervista in lingua Punjabi.

Buongiorno sono Sandro e sto realizzando una ricerca sui Sikh, le chiedo qualcosa sulla sua migrazione. Come è stata come l'ha vissuta?

Sono emigrato per motivi economici e ho pensato all'Italia perché vi vivevano già miei conoscenti. Già quando sono partito i miei amici mi avevano detto che avrei dovuto togliere il turbante, tagliare barba e capelli, che c'era questo problema. Io pensavo positivo, dicevo dentro di me, che no...non è possibile. I capelli perché devono dare fastidio? Io ho sempre lavorato in India con il turbante, ho fatto tanti lavori e non avevo problemi, allora perché gli altri dovevano averne? Avevo aspettative diverse, ma è andato tutto il contrario di quello che pensavo e immaginavo. Ho lavorato nella stalla di maiali,dovevo accudirli, dare loro da mangiare, questo lavoro lo avevo trovato grazie ad unamico. Il capo disse "per lavorare devi togliere il turbante, tagliarti i capelli e la barba". Fui costretto perché dovevo lavorare per poter avere il permesso di soggiorno, e ho tagliato. Mi ricordo di aver piantotanto! Mi vergognavo del mio aspetto e allora sai cosa facevo? Mettevo il cappello. Poi piano piano la situazione è cambiata, hanno capito che lavoravo bene, e con il passare degli anni ho cominciato di nuovo a far crescere i capellie come vedi, adesso ho anche il turbante. Sai...sono stati momenti difficili, lavoravo tanto, giorno, notte, era uguale per me.

Che aspettative ha per il futuro pensa di tornare in India?

Mi sono impegnato tantoper integrarmi, per costruirmi un futuro. Adesso mi trovo molto bene nel territorio, lavoro sempre nello stesso allevamento e con il mio datore ho oggi ottimi rapporti. In futuro vorrei tornare in India nella mia terra, tra i miei familiari.

Come vede l'immigrazione oggi, anche dal suo paese. La trova diversa dalla sua?

Per noi andare all'estero era diverso, lasciavi tutto l'unica cosa che portavi era una piccola borsa con vestiti e tanti tanti ricordi.Mi mancava la mia famiglia, il cibo preparato dalla mamma... arrivavi qui e non conoscevi nessuno, si costruiva una vita nuova, da zero. Andava bene se incontravi qualcuno che ti aiutava, andava male quando tutti giorni avevi una sfida, lavorare in nero è sbagliato, ma io non lo sapevo in quel periodo. Lo sapeva il mio capo. Mi ha pagato pochissimo per il lavoro che facevo, potevo dire qualcosa? No, bisognava subire perché ero io che avevo bisogno.Adesso è diverso, arrivano qui con documenti già pronti, i giovani d'oggi hanno perso i valori, la cultura, vogliono diventare italiani. Si vestono, parlano come loro, ma io mi interrogo la nostra cultura dov'è in loro? Non hanno più rispetto per i genitori. Sono diventati egoisti, di chi è la colpa? Dell'integrazione sbagliata. Io la penso così. Secondo me l'integrazione così è sbagliata, si basa soprattutto su giovani che stanno perdendo le radici. La colpa viene data all'integrazione, non vi è una condivisione equa. Ma come si dice "tu diventi come me, io ti aiuto solo se tu sei come me...altrimenti torna a casa tua.

La ringrazio per l'aiuto.

Testimonianza 6.

Individuo di sesso maschile, età 66 anni. In Italia dal 1982. Residente in provincia di Reggio Emilia. Coniugato, 2 figli. Istruzione: Laurea in Giurisprudenza. Occupazione: Pensionato. Intervista svolta in lingua Punjabi.

Scopro che lei è tra gli emigrati più anziani, non tanto di età quanto di arrivo. Mi racconterebbe della sua migrazione del perché di tale scelta.

Sono arrivato tanto tempo fa, qui c'erano poche persone indiane. Io sono arrivato grazie a mio fratello che abitava qui da prima.Ho lavorato all'inizio come agricoltore aiutavo il mio capo a coltivare la verdura. Anche in India noi avevamo tanta terra, non eravamo poveri,ma sono arrivato qui perché volevo abitare in un posto diverso. Quando lasciai la mia terra, c'era tensione politicaio avevo studiato e mi sarebbe piaciuto diventare notaio, maal destino andava bene qualcos'altro. Conoscevo poco il posto al di fuori del villaggio in cui abitavo. Poche persone si spostavano e tra quelle poche molti andavano a Dubai. Non si conosceva l'Europa, avevo mio fratello in Italia e lui mi diceva che qui non era semplice, ma ho pensato "ci provo!".E sono venuto. Mi immaginavo le persone come erano chiare di coloreche parlassero inglese, perché io immaginavo solo quella di lingua straniera.Il mio viaggio è stato lungo, difficile, all'inizio non capivo niente, ma piano piano ho cominciato.

Quali sono state le maggiori difficoltà a cui è andato incontro.

La difficoltà maggiore dopo l'italiano era avere i documenti. Io lavoravo, ma mi pagavano in nero, e non riuscivi ad avere una busta paga per avere il permesso di soggiorno. Piano piano dopo un po' di tempo l'ho avuta. Pagavano pochi contributi, questo l'ho capito dopo. Ho lasciato il lavoro dopo 5 anni, prima non era possibile, dovevo restituire dei soldi a delle persone.

Ha mai avuto problemi di razzismo e come vede questo fenomeno?

Prima non c'era razzismo, c'era poca conoscenza e tanta curiosità. Adesso non c'è curiosità e c'è tanto razzismo. Mia nipote ha 7 anni e dice che a scuola vuole andare con i jeans , perché con i nostri vestiti non le parlanoè brutto questo i grandi hanno insegnato tutto questo ai bambini, ma come si fa? Loro sono innocenti, sono il nostro futuro. L'integrazione è una cosa positiva è una valida forma per poter conoscere l'altro, potersi avvicinare. I lati negativi sono il distacco delle persone, il non voler conoscere, la mancanza di curiosità. Sento spesso i giovani che vengono presi in giro dai coetanei a cui dicono " Barbone, ma sei una donna che ti tieni i capelli lunghi? Sei Talebano". Forse è detto per scherzo ma in qualche modo penso ferisca. Ci sarebbe bisogno di maggior conoscenza, per oltrepassare gli stereotipi, però per conoscere ci vuole motivazione

Bene direi che è sufficiente, è stato di grande aiuto, in considerazione della sua età le sue parole sono importanti. La ringrazio ancora.

Testimonianza 7.

Individuo di sesso maschile, anni 13 (nato in Italia) residente in provincia di Reggio Emilia. Occupazione: Studente scuole medie inferiori.

Ciao io mi chiamo Sandro, vorrei farti qualche domanda, se vuoi. E' per una ricerca, una tesi di Laurea, sono uno studente universitario, un poco anziano. Vorrei chiederti se a scuola qualcuno ti prende in giro per il tuo turbante e per il fatto che sei di origini straniere.

No nessuno mi ha mai detto nulla, qualche volta si incuriosiscono gli insegnanti, tipo i supplenti, e mi chiedono perché porto questo piccolo turbante. Io gli spiego cosa è e cosa significa, spiego chi sono. A scuola i miei compagni già il primo anno sapevano cosa significava e nessuno ha mai fatto domande.

Ti piace studiare, cosa vorresti fare da grande?

Si mi piace molto studiare, non so ancora cosa fare da grande, però vorrei andare all'università.

I tuoi genitori cosa pensano di questo?

Sono contenti di ciò, mi dicono sempre di studiare con assiduità, che loro mi aiuteranno nel futuro per questo. Lo dicono sempre anche alla mia sorellina che va alle elementari.
Bene, ti ringrazio per il tuo aiuto.

Testimonianza 8.

Individuo di sesso maschile, età anni 60, residente in provincia di Reggio Emilia.In Italia dal 1990. Istruzione: Laurea in storia moderna e contemporanea. Occupazione:Saldatore. Intervista realizzata in lingua Punjabi.

Le chiedo se mi racconta del suo progetto di migrazione, i motivi che l'hanno portata a lasciare il Punjab.Come si è trovato in Italia, se ci sono stati negli anni atteggiamenti razzisti o se ve ne sono stati negli ultimi tempi. Pensa di tornare un giorno a vivere in Punjab?

Sono giunto in Italia nel 1990, senza un progetto preciso, ci giunsi con un visto turistico più per spirito di avventura. Volevo visitare il paese per conoscere le sue bellezze, la sua cultura, poi mi sono stabilito qui. Il Punjab di quegli anni era scosso da importanti sommovimenti sociali, era una situazione politico sociale molto precaria. Avevo vissuto i sommovimenti seguiti alla strage del tempio d'oro, e quelli furono anni molto brutti. Penso che la mia insofferenza cominciò a nascere in quegli anni, dall'atteggiamento del governo centrale dell'India. Come Sikh fummo fortemente attaccati, accusati di terrorismo, sorvegliati in pratica in ogni attività quotidiana. Era molto brutto vivere in una tale condizione, economicamente si poteva anche vivere, anche se lo stato andò incontro ad una profonda crisi dovuta alla "militarizzazione" se così vogliamo definirla, ovvero al controllo di polizia che prima accennavo. Erano anni particolari, dove l'idea di qualche gruppo separatista cavalcò l'onda in modo violento, senza forse pensare alle conseguenze. L'idea di uno stato indipendente poteva anche essere affascinante, ma non credo affatto realizzabile per tutta una serie di motivi che non sto a descrivere. Però bisogna dire che lo stato centrale invece di cercare la discussione moderata e diplomatica ad un certo punto optò per l'aggressività che portò solo ad una recrudescenza violenta. L'attacco al tempio d'oro, l'omicidio di Indira, le reciproche accuse ed atti di violenza, atti di terrorismo da una parte, reazione armata dall'altra, fecero solo scorrere sangue.Così nacque in me l'idea di allontanarmi per un poco dal mio paese, ma infine restai a vivere in Italia.

Ebbe modo di trovare lavoro con facilità? Le è mai dispiaciuto non poter fare in Italia ciò per cui aveva studiato?

Riuscii a trovare lavoro con facilità, qui cercavano operai metalmeccanici. Ho iniziato così poi mi sono specializzato come saldatore, è un lavoro che mi piace molto.
Non ho alcun rimpianto, perché dovrei averne, Dio ha voluto così. L'importante è essere felici della vita, viverla con serenità, senza guardare al bene materiale. Si questo è necessario ma non deve essere un obiettivo primario, si deve lavorare per

poter crescere, si può essere uno storico come me, e fare un lavoro qualunque. Non vi è nulla di disdicevole o di spiacevole in questo.

Ha mai avuto problemi razziali?

No mai, non mi è mai accaduto in Italia. Mi è accaduto in India, in passato, perché ogni Sikh era visto come un terrorista, un pericolo. Ma qui non è mai accaduto. Anche con l'attuale situazione migratoria non ho percepito atteggiamenti ostili, nemmeno da altri stranieri. E' probabile che tra qualche anno possa accadere, la concorrenza se vogliamo chiamarla così, di carattere lavorativo, se lo stato non crea una valida regolamentazione del lavoro la si potrà vedere. Potrà esserci come detto secondo me tra qualche anno, dove gli stranieri già residenti da molti anni in Italia potranno vedere nei nuovi arrivati dei concorrenti. Secondo me è un processo economico che è sempre esistito, che si ripete periodicamente.
Per questo è importante l'istruzione affinchè con essa, le generazioni che seguono possono in fondo liberare posizioni lavorative a quelle fasce di persone che giungono, che come prima generazione non hanno comunque grandi possibilità di lavorialtamente qualificati. Non è un fatto discriminatorio è un fatto sociale tipico di un mondo industrializzato, è insomma una legge di mercato.

Pensa di tornare a vivere in Punjab una volta in pensione?

A dire il vero non so, ci ho anche pensato ma non ho deciso nulla. C'è da dire che la mia vita ora è qui, i miei riferimenti sono qui, sono parte di questa comunità. Forse ci andrò a periodi ma la mia vita è qui.

La ringrazio molto per l'aiuto, e debbo dirle che è un onore averla conosciuta ed un piacere aver potuto discutere con lei di storia.

Testimonianza 9.

Individuo di sesso maschile, età 62 anni. Coniugato, due figli. Residente nella provincia di Mantova.In Italia dal 1978. Occupazione: Autista. Istruzione: Laurea in Economia.
Intervista realizzata in lingua Punjabi.

Mi racconterebbe la sua migrazione?

Sono giunto in Italia nel 1978, vi giunsi via mare con una sorta di passaggio pagato su un mercantile. Attraverso un contatto giunsi nel Lazio dove iniziai a lavorare in un circo. Mi piaceva molto guidare per cui in breve tempo cominciai a guidare i camion che trasportavano le attrezzature del circo. Guidare mi dava un senso di libertà e in parte mi permetteva di guardare il mondo che mi circondava, inoltre era anche una mansione molto flessibile non legata a tempi richiesti da un circo. E' vero che poi davo una mano nel montaggio del circo stesso, ma potevo anche non farlo. Con il circo ho girato molto, sia l'Italia che altri paesi europei, così ho avuto la possibilità di guardarmi intorno, e dopo qualche anno ho deciso di stabilirmi in provincia di Mantova. Da allora sono trascorsi 30 anni ed ho sempre lavorato per la ditta con cui lavoro ancora oggi. E' una impresa specializzata in carpenteria metallica e nella lavorazione di profilati di alluminio, io mi occupo di consegne. Giro molto, in particolare il Nord Italia, ma la sera sono poi sempre a casa. E' un lavoro che mi piace molto, ancora oggi che sono anziano.

Che grado di istruzione ha? Perché ha lasciato il Punjab?

Sono laureato in Economia, ma non ho mai praticato. Andai via nel 1978 pensando che per la mia indole sarebbe stato meglio lasciare il paese,erano periodi in quel tempo molto particolari per il Punjab. Vi erano dei movimenti separatisti e lo stato centrale iniziò ad adottare una politica repressiva anche se in quel periodo non era ancora violenta, ma era comunque denigratoria. Non patteggiavo per i movimenti separatisti, che vedevo troppo aggressivi ed alcuni anche violenti, ma non sopportavo la reazione dello stato centrale che sistematicamente accusava tutti i sikh delle azioni di pochi. Sarei finito sicuramente nei guai per il mio carattere ed allora pensai che fosse meglio lasciare il paese, ed eccomi qua.

A parte la politica separatista, come si presentava il Punjab di quel periodo, intendo gli anni 70?

Era un paese con una ottima crescita percentuale del Pil, con una disoccupazione che era sotto il 5%, erano gli anni delle riorganizzazione e modernizzazione dei sistemi irrigui, dei progetti e lavori per il miglioramento agricolo, anni in cui si puntò alla costruzione di centrali idroelettriche, alla costruzione di infrastrutture per la crescita industriale del paese. Vi erano ampie possibilità di lavoro ma erano anni in cui cominciò a nascere un ma. Nel senso che per via del sistema castale nelle università vi erano borse di studio e posti riservati a chi proveniva da date caste, per cui erano avvantaggiati gli indù. Lo stesso per quello che riguardava i posti di lavoro pubblico le carriere nell'esercito, non solo in queste ultime raccomandazione e corruzione la facevano da padrone. Mio padre era un sott'ufficiale dell'esercito, ma non era avanzato molto nella carriera poiché non aveva la mentalità della mazzetta. Egli pensava che se doveva togliere denaro e dunque cose alla famiglia, preferiva restare nella sua posizione. Avrebbe anche sacrificato del denaro se qualcuno di noi figli avesse voluto intraprendere la carriera militare, ma nessuno volle farlo, la sua mentalità ci aveva positivamente influenzato ed educato. Però al tempo era una cosa molto molto comune, esiste anche oggi, forse in minor forma e peso, ma esiste. Penso che per le università fosse un sistema calcolato nel senso che era un modo per estromettere i sikh dal sistema istruttivo a favore degli indù. E' vero che non era scritto da nessuna parte però era fin troppo palese e lo stato centrale in questo caso non si preoccupava neanche di mascherare in qualche modo la cosa. Insomma vi erano delle contraddizioni palesi che personalmente mi spinsero come detto ad emigrare.

Il suo progetto migratorio come è evoluto nel tempo, nel senso quali erano gli obiettivi a breve e lungo termine?

Dunque l'idea era trovare un lavoro stabile e stabilirmi in un luogo, non un luogo preciso, nel senso che non ero partito con l'idea di una precisa regione, città, o paese, ma con l'idea di costruirmi un futuro. Quindi un lavoro, una casa, una famiglia.

C'è riuscito?

Si dopo un poco di anni ho creato una famiglia, l'appartamento è di proprietà, il lavoro è una lavoro stabile da 30 anni come detto,ho due figli di 28 e 24 anni. Non hanno frequentato l'università, ma ambedue hanno frequentato un istituto tecnico, sono specializzati in meccatronica. Attualmente hanno investito in progettazione meccatronica, ma in sincerità non so come gli vanno le cose. Non chiedo poiché è la loro vita e non sono più dei bambini è giusto che seguano la loro strada.

Quando sarà in pensione tra qualche anno pensa di tornare in Punjab?

No non ci penso, la mia vita è qui, mi sono abituato a questo paese alla tipologia di vita di questo paese, penso che avrei difficoltà ad abituarmi ad una realtà che non ho più vissuto dal 1978. Penso che potrò andarci per qualche periodo, ma non so, non ho una decisione precisa in merito. Vedremo poi in futuro.

Ha mai avuto problemi di razzismo in passato o negli ultimi tempi in particolare. Intendo gli ultimi tempi quale periodo temporale degli ultimi tre o quattro anni, con l'arrivo delle masse di migranti. Insomma pensa che ciò abbia accresciuto il razzismo nei confronti di stranieri in genere e nei suoi confronti?

No, non ho mai avuto problemi di razzismo. Nei primi anni ottanta vi era curiosità nei miei confronti quando mi sono stabilito nel mantovano, poi è diventata una normalità. Non ho mai avvertito astio per il fatto di essere straniero, tantomeno sul posto di lavoro. Per il fenomeno migratorio degli ultimi anni trovo la cosa impressionante, significa che a parte i paesi in guerra, una parte dell'Africa ha grossi problemi socio politici più che economici. Molti sono paesi in stallo, dove non c'è futuro, non si muore di fame ma non si può sperare in un futuro migliore, e quando un paese è messo così l'unica alternativa è lasciarlo. Però il problema è che per tanti l'unica alternativa per lasciare il paese è quella che vediamo, pericolosa, senza progetto di alcun genere, però per giungere a ciò significa che si è oltre la disperazione e questo in Europa non si comprende o perlomeno non si comprende appieno. Non so esattamente se il fenomeno migratorio attuale abbia incrementato forme di razzismo verso stranieri, non lo vedo verso i sikh, ma non mi riesce di vederlo nei confronti di altri. O perlomeno non mi pare che l'Italia sia razzista. Si non manca qualche esempio anche in politica ma resta una forte minoranza, se consideriamo che l'Italia conta 60.000.000 di abitanti rispetto ad altri paesi posso affermare che non esiste razzismo.

La ringrazio per l'aiuto è stato molto gentile.

Testimonianza 10.

Individuo di sesso maschile, anni 58 anni, coniugato. Residente in provincia di Reggio Emilia.In Italia dal 1992.Occupazione: Operaio metalmeccanico. Istruzione: scuola media inferiore.Intervista condotta in linguaPunjabi.

Mi racconti di lei da dove viene, della sua famiglia e della sua migrazione.

Abitavo in un piccolo villaggio del Punjab. In casa eravamo in sei (io, mamma, papà, due fratelli e una sorella). Provengo da una famiglia di contadini, lavoravo la mia terra insieme a papà e per noi era solo quello. Tutto quello che si guadagnava era grazie a questa terra. ma era piccola, e non bastava per noi. Il guadagno era poco: la sorella si doveva sposare e il fratello doveva studiare e poi i soldi servivano anche a noi, per portare avanti la casa. Quando abiti nel villaggio è difficile spostarsi in città per andare a lavorare, perché significa lasciare non solo i genitori da soli, ma anche le terre (i campi); come sai noi ci teniamo tanto ai campi perché noi mangiamo ciò che otteniamo dal raccolto e per me era impensabile. Sono partito verso l' estero, non sapevo esattamente dove, ma ero andato. Mi ero affidato ad una agenzia che a quel tempo prendeva soldi e ti portava fuori dall'India, ma non ti assicurava niente, né dove ti avrebbe portato, né se era certo l'arrivo. Molti ostacoli, molti pericoli ecco...ho incontrato. Ma non ci pensavo, perché il mio obiettivo era diverso: riuscire in qualche modo ad aiutare la mia casa. Tutti ci parlavano dell'estero come se fosse un paradiso, la soluzione di tutti i problemi. Parlavano che era pulito, grandi strade, tante macchine.. e io di tutto ciò non avevo visto niente!!...Le mie aspettative erano di trovare un lavoro, qualsiasi lavoro, ma lavorare per mantenere la famiglia in India. Non incontrai grosse difficoltà nel trovare lavoro in quel periodo e fui aiutato da miei connazionali. Ho lavorato come contadino per circa 10 anni nel centro Italia, zona di Roma. Poi mi sono spostato verso il Nord ed ora lavoro come operaio.

Ha avuto problemi nell'integrarsi?

Le maggiori problematiche le ho avute nella comunicazione, ma sono stato aiutato da colleghi contadini italiani ed ho imparato la lingua. Ho avuto poche difficoltà nell'integrarmi, a quel tempo c'era poco razzismo rispetto ad oggi.

Le chiedo come immaginava fosse il paese Italia e come è stato nella realtà:

Quando non sai del posto, si immagina come possa essere; quindi giustamente era diverso, mi sono trovato bene. Forse sono stato fortunato, ma non mi lamento perché l'Italia mi ha dato tanto. Io rispetto questo paese e gli italiani perché hanno realizzato il mio sogno.

Quali aspettative ha per il futuro?

Vorrei che i miei figli non vedessero e non vivessero le situazioni che ho vissuto io. Sono contrario a quelle persone che dicono che qui in Italia non c'è niente, basta solo impegnarsi. Il mio presente e futuro è qui. Io sto bene. Magari dopo che sarò pensionato andrò in India, perché sai, è comunque il paese dove sono cresciuto e dove ho tutti i miei familiari.

I lati negativi dell'integrazione in Italia?

Quando sono arrivato io la gente era molto accogliente, aperta, vedeva qualche straniero, correva verso lui e si incuriosiva.. adesso non è più così. Troppo distacco, la gente è chiusa, vuole restare da sola, se prima correva verso lo straniero adesso è alcontrario. C'è razzismo è alla base, la gente è diffidente, non vuole nessuno vicino, il diverso fa paura.

La ringrazio per l'aiuto.

Testimonianza 11.

Individuo di sesso maschile, anni 63,coniugato.Residente in provincia di Reggio Emilia. In Italia dal 1987 .Occupazione: Bracciante agricolo. Istruzione: secondo anno di scuola superiore.Intervista svolta in lingua Punjabi.

Mi parli della sua emigrazione, della sua decisione di andare via dal suo paese.

Mi spostai all'estero perché mene parlavano molto bene, ne ero rimasto affascinato. Dei conoscenti che erano all'estero solo uno era in Italia, gli altri erano negli Emirati Arabi, sai in quel periodo andava di moda lavorare a Dubai . Ho deciso di dare una svolta alla mia vita.Sono stato aiutato dal mio conoscente,il quale mi ha ospitato a casa sua per pochi giorni e, dopo mi ha detto di spostarmi per cercare lavoro. Sono finito nel sud Italia a lavorare come contadino, ad accudire bestiame, non era difficile per me, ma avevo immaginato una realtà diversa. Erano altre le mie aspettative. Sono rimasto veramente deluso, perché se dovevo accudire il bestiame, potevo rimanere anche nel mio paese a farlo. I miei genitori non volevano che mi spostassi, ma in quel momento non li ascoltaie adesso... in quel momento non mene rendevo conto.

Quali erano le sue aspettative e riguardo all'integrazione come è stata la sua esperienza?

Ho trovato una realtà diversa, paese pulito sì,ho lavorato per tante ore consecutive, con 4 ore di riposo soltanto al giorno. Era uno sfruttamento continuo e cosa potevi dire al capo? Niente, perché ero io che avevo bisogno. Ho abitato in una casa insieme a miei connazionali in condizioni brutte, senza riscaldamento. Brutta quella vita.

Quali problematiche ha incontrato al tempo, o meglio quali le più importanti, quelle che le hanno creato maggiori difficoltà.

Il problema maggiore era il rinnovo del permesso di soggiorno, perché bisogna avere sempre un lavoro,e in queste condizioni non hai scelte, devi rimanere nel posto in cui lavori, anche se vieni sfruttatonon hai scelta, il secondo problema era la lingua, non si è autonomi finché non si conosce l' italiano.
L'integrazione è stata buona, non ho avuto grosse difficoltà perché ho incontrato persone aperte, curiose.

Che aspettative ha per il futuro?

La pensione innanzitutto. Ho lavorato così tanto, ma comunque sia mi sono state pagate poche tasse dal mio datore, di conseguenza non mi sento sicuro sul futuro. Vorrei ritornare in India per sempre, vicino ai miei cari e finché mi trovo qui, continuerò a lavorare.

Ha trovato dei lati negativi nell'integrazione in Italia. E a proposito di razzismo ha vissuto esperienze del genere?

Il problema di base dell' Italia o forse di tutti è che si ha paura di conoscere l'altro. Le persone si basano solo sull'aspetto, il colore che hai della pelle, come si è vestiti e niente più. Bisogna che le persone si avvicinino tra loro, vadano oltre. Sarebbe bello eccodicono di parlare in italiano, ma come fai a parlare in italiano se quando esci di casa nessuno ti vuole rivolgere la parola solo perché sei straniero? Io ho due figli e lascio che loro si integrino perché non voglio che provino la sensazione di essere visti diversi.
Forse sono io, sai sono vecchio ormai!! Ma penso che la società stia cambiando, non nel modo giusto però. Magari arriverà un giorno che capiranno che tutti siamo persone..ah.. ho detto lascio fare tutto ai miei figli, mauna cosa importante te la devo dire, io amo la nostracultura e questo piacere lo trasmetto anche a loro. Quindi bisogna integrarsi senza mai perdere le proprie basi.

Va bene la ringrazio per il suo tempo.

Testimonianza 12.

Individuo di sesso maschile, età 60 anni. Coniugato, 2 figli.Residente in provincia di Reggio Emilia.In Italia dal 1987. Occupazione:Operaio metalmeccanico, ha lavorato precedentemente in stalla. Istruzione:licenza scuola media inferiore.Intervista svolta in lingua Punjabi.

Mi racconti della sua migrazione, della sua esperienza del perché di una tale decisione.

Sono giunto in Italia come clandestino e decisi di partire per problemi economici. La mia famiglia aveva difficoltà ad andare avanti così decisi di partire. Non essendo in regola dovevo assolutamente trovare un lavoro per regolarizzare la mia posizione. Sapevo quello mi aspettava perché i miei conoscenti che abitavano qui me ne avevano parlato, ma per loro la storia era diversaperché non portavano il turbante. Quel giorno è stato il più brutto della mia vita quando mi dissero: "se vuoi lavorare qui, ti devi tagliare i capelli".Io non capivo il perché, che problema potesse dare il mio turbante, i miei capelli. E tu sai, il turbante per noi è la nostra corona, è qualcosa che è stato tramandato. Come potevo tagliare i capelli?? Manon avevo scelta, o li tagliavo o non lavoravo. Fui costretto e presi la decisione di tagliarli a malincuore.Ho lavorato in quel posto per otto lunghi anni. Poi ad un certo punto me ne sono andato, avevo il rimorso per la decisione presa, di aver tagliato i capelli e tolto il turbante. Mi sono spostato da dove ero ed ho trovato un nuovo lavoro qui, come operaio metalmeccanico. Mi sono fatto ricrescere i capelli e come vedi oggi porto il turbante e la barba.

Quali altri problemi ha incontrato in Italia?

Di base il razzismo, la diversità, questo mi ha costretto a togliere una parte di me,icapelli. In quel periodo pochi , se non nessuno conosceva l'esistenza del turbante e questo era una stranezza per gli altri.Non sono potuto tornare nel mio paese perché mi vergognavo del mio aspetto e sapevo che i miei familiari non l'avrebbero accettato. Poi il problema della lingua, della propria identità, oltre il problema dei documenti.

Mi tolga una curiosità, come avviene adesso l'emigrazione dal Punjab, se lo sa ovviamente?

Beh ormai la situazione è diversa, ci sono amici/conoscenti o parenti che preparano tutti i documenti e li inviano. Le persone che arrivano sono "regolari" dal punto di vista legislativo. Prima si arrivava attraversando confini, non si sapeva se si sarebbe giunti o meno.

Che aspettative ha per il futuro?

Ci sono aspettative per i miei figli, io mene andrei in India dopo una certa età, perché mi manca la mia terra... adesso sono contento di abitare qui, ho una famiglia, l'Italia mi ha dato tanto. Non si riesce a dimenticare il passato questo è vero, ma penso che tutto ciò che succede è per il bene. Poi non ero solo io che ho dovuto tagliare i capelli, come me c' erano tante altre persone,purtroppo era così.

All'inizio mi ha accennato a delle negatività, mi piacerebbe capire di più sui lati negativi dell'integrazione in questo paese, se sono rimaste le stesse oppure qualcosa è cambiato in meglio.

Adesso le cose sono diverse, ci sono tante opportunità di integrazione, ci sono corsi apposta per imparare l'italiano, associazioni,ma quel tempo non era così,bisognava fare tutto da soli, e si doveva riuscire. I lati negativi se vogliamo dire sono volere che l'altro si integri più presto possibile e questo non è possibile, siamo umani. Non c'è pazienza,se uno fa qualcosa di brutto, tutti vengono visti male. C'è tanto distacco. do la colpa anche a noi, perché spesso siamo anche noi a non aprirci. Quindi ecco.....ci vuole un avvicinamento reciproco.

Bene, la ringrazio del suo aiuto.

Testimonianza 13.

Individuo di Sesso Femminile, età 57 anni. In Italia dal 1997. Residente in Provincia di Mantova. Coniugata, due figli. Intervista svolta in lingua Punjabi.

Mi racconti della sua emigrazione, come è avvenuta, come si è poi trovata.

Sono giunta in Italia 20 anni fa con i miei figli. Mio marito era giunto 6 anni prima. Si era spostato per noi, per il futuro dei nostri figli. Lui iniziò a lavorare come contadini poi come operaio metalmeccanico. Una volta sanato il debito ha voluto cominciare una nuova vita con tutta la famiglia, rimanendo insieme prospettando un futuro migliore per i figli. Io parlo poco l'italiano ma lo comprendo bene. Non ne ho sentito mai l'esigenza perché avevo il supporto di mio marito prima dei figli dopo.

Che aspettative aveva quando si è trasferita?

Vedevo come una liberazione, lontano da tutte le persone che giudicano come sei, cosa fai, tra i pettegolezzi del villaggio, lo vedevo come una liberazione. Immaginavo una vita migliore. Come se dovessi iniziare un nuovo capitolo. Ero molto contenta e non vedevo ora. Io facevo la sarta in India e immaginavo di farlo anche in Italia. Ma una volta arrivata ho scoperto che qui i vestiti sono molto diversi e non ci sarei mai riuscita immaginavo i miei figli che studiavano, non facevano lavori manuali tutto come un sogno.

Ed è stato così?
Sono contenta della mia migrazione perché qui ho trovato più di quanto pensassi. Anche se non sono riuscita a fare la sarta sono felice perché vedo felice la mia

famiglia, mi trovo bene qui in Italia. Ci penso e confermo sempre che è stata la scelta giusta per noi.

Ha mai avuto problemi di integrazione?

No non ho avuto problemi di integrazione, anzi nel paese dove abito le persone sono state sempre molto disponibili e cordiali. Avendo i figli piccoli, ho fatto anche molte amicizie con le altre mamme.

Testimonianza14.

Individuo di sesso femminile, età anni 55. Coniugata due figli. Residente in provincia di Reggio Emilia.In Italia dal 1988. Istruzione: scuola media superiore. Intervista svolta in lingua Punjabi.

Mi chiamo Sandrosto svolgendo una ricerca sulla migrazione Sikh in Italia. Le chiedo se vorrebbe parlarmi del suo progetto migratorio. Come è giunta in Italia, quale erano le sue aspettative.

Sono giunta in Italia con un volo aereo ed un visto turistico. Giunta qui sposai un uomo del posto per avere i documenti. Fu molto duro prendere questa decisione, perché la mia cultura non lo permette ma era l'unico modo per avere i documenti. Sono stati momenti impegnativi: ho conosciuto questa persona e ci siamo sposati, non abbiamo mai abitato insieme,questa situazione mi faceva oltrepassare i problemi della lingua che non conoscevo, dell'integrazione,perché avevo lui che mi copriva sempre. Ma era difficile spiegare a casa. Non sono tornata a casa per tanto tempo. Alla fine sono riuscita a spiegare la mia situazione e i miei mi hanno fatto sposare di nuovo. Nel frattempo avevo già divorziato con l'altro.
Non è facile per una donna fare tutto questo, i miei fratelli non mi parlano ancora adesso.

Quali problemi ha incontrato nella sua migrazione?

Sono stati svariati: la regolarizzazione, la lingua, la sanità, l'integrazione. Sono riuscita a superarli con l'aiuto dell'uomo con cui era sposata. Ma non tutte le persone hanno avuto questa fortuna.

Come è oggi l'emigrazione secondo lei, rispetto al passato ed alla sua esperienza migratoria.

Adesso l'emigrazione avviene in modo diverso, lo stato apre i flussi per lavoro subordinato per esempio e lascia la possibilità di chiamare una persona per un determinato periodo. Trascorso il quale deve per forza tornare a casa, altrimenti rientra nella categoria dei clandestini.

Come vede oggi l'integrazione in Italia. Pensa ci siano problemi anche pensando all'attuale fenomeno migratorio pensa la gente abbia una diversa visione dello straniero?

Troppo distacco adesso, pensano che le persone vengono qui a togliere lavoro agli altri, ma se fosse così allora perché lo stato apre i flussi? Solo per incassare soldi?? Il razzismo c'è, non sono tutti razzisti, ci sono anche persone buone come da noi alla fine. Io dico che lo stato deve sapere quali problemi incontra la società e solo dopo prendere qualche decisione. Se le persone non sono d'accordo allora non aprire i flussi ma sai, anche lo stato vuole incassare soldi e solo soldi, il resto non interessa. Se fai conto hanno aumentato un sacco di soldi per rinnovare il permesso di soggiorno, per richiedere la carta di soggiorno, perché? Perché vogliono che le persone non riescano a rinnovare, ma in questo modo non si controlla niente. Vogliono mandare via ma perché non agire di più a integrare? Insegnare a vivere insieme.

Le sue aspettative per il futuro? Pensa di tornare in India?

Io mi trovo bene sul territorio, ho un lavoro, ho due figli che studiano e l'Italia mi ha dato tanto. Non voglio spostarmi. I miei figli sono ben integrati nella società .

Testimonianza 15.

Individuo di sesso femminile. Età 23 anni. Residente in provincia di Reggio Emilia. Istruzione: Laurea in scienze Infermieristica, Master di I° Livello in area critica. In Italia dal 2000.
Occupazione: Infermiera (contratto a tempo determinato).

Ciao B.....r ,beh che dirti per l'intervista, la tua, hai libero arbitrio. Non ti faccio alcuna domanda sai come me cosa chiediamo ed abbiamo chiesto. Dì ciò che vuoi

Ero piccola quando ci siamo spostati dall'India. Sono venuta insieme a mio fratello e mia mamma.

Ho pochi ricordi dell'India, ma quei pochi sono belli. Mi ricordo dei miei compagni delle elementari, quando giocavamo insieme, la festa di fine anno scolastico, ero tanto dispiaciuta di lasciare loro, tanto che portai con me la foto di classe, la tengo tutt'ora.

In Italia ho iniziato la scuola dalla prima elementare. Ammetto che non ho avuto problemi d'integrazione all'inizio, anzi, i miei compagni erano molto accoglienti e le maestre molto gentili e pazienti.

Sapevo bene l'inglese, ero tanto curiosa e insieme a tanta voglia di imparare cose nuove, nel giro di poco tempo ero riuscita ad integrarmi bene nella classe.

Probabilmente furono una serie di eventi concatenati che aiutarono il tutto. Ero creativa, mi ricordo che scrissi per compito una poesia sulla pace che fu tanto lodata dalle maestre e venne pure mandata in onda su Telereggio! Tanta soddisfazione ecco.

Le cose invece cambiarono andando avanti nel tempo, quando si cresce penso che sia normale la presenza delle differenze, siamo tutti più egoisti, ma ci fu un periodo in cui essere straniera mi cominciò a pesare o meglio me lo facevano pesare. Io andai avanti per la mia strada sperando che quel periodo finisse presto.

Caratterialmente sono introspettiva, penso molto, mi interrogo sul perché delle cose e devo dire che quel breve lasso di tempo è bastato per avere chiarezza sul razzismo e sull'integrazione.

Io sono dell'idea che il razzismo esiste, c'è stato e ci sarànon viene mostrato perché ormai tutti vogliamo essere perfetti, estetica, l'apparenza è l'unica cosa a cui si dà importanza. Non c'è bisogno di usare le parole; se è vero che pure il silenzio comunica allora il linguaggio non verbale è il modo di comunicare, a maggior ragione. Esiste il razzismo mascherato, dove tutti siamo attori, portiamo delle maschere per far vedere solo ciò che agli altri può piacere. Anche l'integrazione la vedo così, spesso vedo persone che si lasciano alle spalle la propria cultura, tradizione, dimenticano la propria madrelingua,tutto al costo di integrarsi. Io mi domando è questa l'integrazione? Integrazione è una situazione in cui si accettano le differenze, si rispettano, ci si avvicina entrambi portando a conoscenza i propri valoriè un' opportunità per arricchire la propria cultura. Lasciando alle spalle egocentrismo, etnocentrismo.

Bisogna avere una visione ampia, più aperta per accettare le persone così come sono.

Mi ricorderò sempre di questa frase che fu detta da una signora anziana tempo fa:
"...mi sei simpatica perché sei vestita con maglietta e jeans, come noi..."
Per ribadire il concetto di prima, questo è quello che conta. Mi lasci passare la parola, è questa l'ignoranza. Se uno porta una tunica, un velo in testa non è più simpatico? Perché bisogna immedesimarsi per poter essere accettati?? Quello per me non è integrazione. Non bisogna perdere la propria identità.

Punto molto sul concetto di reciprocità, le due parti (immigrato e la società ospitante) si devono avvicinare contemporaneamente.
Per quanto mi riguarda ho cercato sempre di essere bilanciata, di valutare le cose.
Sono infermiera,mi piace il mio mestiere, posso ammettere di essere integrata bene.
Ci tengo alla mia cultura, alle mie tradizioni a tutto ciò che è legato al mio paese e nel frattempo vivo partecipando la vita quotidiana del mio "secondo" paese.
Certe volte si ha questa incertezza, sono indiana o italiana? Ed è difficile risponderema sono dell'idea che siamo noi, la mia generazione l'anello tra le due identità. Bisogna essere forti a tal punto di riuscire a trasmetterla alla generazione futura.
Per quanto riguarda l'immigrazione penso che bisogna averla vissuta per giudicareè un momento difficile che porta con se molti cambiamenti, non soltanto dal punto di vista sociale, ambientale ma anche di carattere psicologico. È questo il motivo che mi portò a concentrare e a far emergere nella realtà della sanità (realtà piccola di fronte a tutti i cambiamenti) le difficoltà che incontrano le persone straniere, proponendo alcune soluzioni al personale sanitario.
Ho visto tanti sacrifici dei miei genitori, quante cose che avrebbero voluto fare, ma l'immigrazione ha impedito. Quanto avrebbero voluto essere autonomi in tutto, ma la lingua non ha permesso.
Basandomi su loro, penso che siano molte le persone che abbiano vissuto la stessa situazione.
Mi piacerebbe nel mio piccolo, riuscire ad aiutare la mia comunità, avrei tanti progetti in mente.

Testimonianza 16

Individuo di sesso femminile, età 55 anni. Coniugata, due figli. Residente in provincia di Reggio Emilia. Istruzione: Licenza scuola media inferiore.
Professione: Casalinga. In Italia dal 1998. Intervista realizzata in lingua Punjabi.

Buongiorno mi chiamo Sandro e sto realizzando un lavoro di ricerca presso le comunità Sikh, B......r le ha già accennato alla cosa. Quindi le chiedo mi racconterebbe della sua migrazione, come è iniziata, perché?

"Mi sono trasferita dopo il matrimonio, dopo circa 8 anni. Mio marito era in Italia da prima, dove sistemarsi prima di chiamare me.Il matrimonio era combinato, non lo conoscevo prima,ma mi sono trovata bene. Mamma e papà lo avevano scelto perché abitava all'estero e pensavano che un giorno anche io andando fuori avrei fatto una vita migliore.
Quando sono arrivata qui, non conoscevo nessuno, non sapevo parlare la lingua e restavo a casada sola perché mio marito andava a lavorare".

Quali difficoltà ha incontrato in questa nuova vita?

"*Tante difficoltà, non conoscevo la lingua e non parlavo con nessuno, restavo a casa ed ero completamente dipendente da mio maritoper tutte le cose. Non riuscivo a parlare con i miei genitori in India perché a quel tempo chiamare in India da qua costava tanto. Abitavamo in un appartamento e allora io quando cucinavo usavo le spezie, la cipollae non sapevo che adaltri potesse dare fastidio.Tante volte ho sentito dire....puzzate voi!! basta cipolla!!*
E allora mi vergognavo, allora ho smesso di usarle. Mi mancastare nel mio paese, lì mi sento più libera. In Italia è bello ma sembra essere tanto costretti.

Ha vissuto lati negativi dell'integrazione o ha percepito negatività da parte degli italiani.

"*Io uscivo poco perché avevo paura di incontrare persone che mi chiedessero delle cose e io non sapevo rispondere,mi vergognavo. In quel momento non c'erano ancora le scuole che insegnavano italiano, quindi bisognava impegnarsi e imparare da soli Io ero timida e per questo ho fatto molta fatica.*
Le persone del mio condominio non erano buone, loro non volevano che uno straniero abitasse vicino a loro,infatti si lamentavano. Questo mi ha fatto sentire socialmente isolata nei primi tempi, poi poco per volta le cose sono migliorate."

Cosa ti aspettavi prima della partenza?

"*Prima di partire ero molto contenta, perché lo vedevo come un posto diverso, molto belloed ero libera di fare quello che volevo, di vivere lavita come la volevo, sai che da noi dopo il matrimonio bisogna stare con la famiglia del marito e io non volevo. Dicevo, grazie aDio vado via!!*
Ma arrivata qui pensavo fosse meglio rimanere con i suoi o i miei. Mi sono ritrovata da sola, non conoscevo nessuno e mi ha fatto stare tanto male questa cosa.

Quali aspettative hai per il futuro.

"*Ormai sto bene, mi sono abituata al posto, poi i miei figli stanno bene, studiano. Mi trovo bene ecco*".

Testimonianza 16.

Individuo di sesso maschile. Età 46, coniugato, due figli.residente in provincia di Reggio Emilia. Istruzione: Laurea in Storia (un decennio di insegnamento universitario in Punjab). In Italia dal 2005 anni.occupazione: Operaio in una società di logistica.

Sono Sandro e sto facendo una ricerca sull'emigrazione Sikh in Italia le chiedo se posso farle qualche domanda in merito. Penso sappia già di cosa si tratta, credo S…..r le abbia anticipato il tutto.

Si mi ha anticipato, benvenuto al Gurdwara di Parma, mi fa molto piacere poter parlare con lei.
Giunge intanto S…..r ed accenna che sono docente universitario. Non solo mi presenta J…..l dicendomi che è stato anche lui docente universitario di storia moderna.

Non ci posso credere, lei è il secondo storico che incontro nella comunità Sikh, sa che in fondo abbiamo la stessa formazione, io sono laureato in Etnografia Preistorica dell'Africa, una branca dell'archeologia.

Ah incredibile, così sarà più facile intenderci abbiamo la stessa formazione mentale. Chiedimi pure dunque.

Dimmi della tua migrazione, perché sei venuto in Italia?

In realtà io sono uno dei pochissimi che è stato ricongiunto, nel senso che è venuta prima mia moglie e diciotto mesi dopo l'ho raggiunta con i nostri figli. Credo di far parte di quell'1% di maschi ricongiunti.

Interessante questa cosa, raccontamela. Tu lavoravi in Punjab?

Si ero docente universitario, come ti ho detto sono laureato in Storia. Insegnava anche mia moglie, lei è laureatain Economia. Ci parlava dell'Italia mio fratello che è giunto qui nel 1997, diceva che c'erano le premesse per la crescita e prospettive di miglioramento.In Punjab vivevamo bene ma la situazione di quegli anni non permetteva la crescita, eravamo un poco fermi, mancavano prospettive future. Io ero poco propenso ad emigrare, ma mia moglie era più risoluta, così partì prima lei qui aveva come riferimento la famiglia di mio fratello. Io sono restato diciotto mesi con i figli in India, quando mia moglie è partita avevano rispettivamente 2 anni uno e 6 mesi l'altro. Poi l'ho raggiunta, lavora anche lei, lavoriamo nella stessa società di logistica.

Avevi chiari gli obiettivi della migrazione? Nel senso avevi un progetto in mente a lungo termine, tipo la casa di proprietà, l'istruzione per i figli?

Si l'idea era crearsi una vita in Italia, una nuova vita, e dunque il lavoro, la casa, l'istruzione per i figli. Ambedue i miei figli frequentano il liceo scientifico, per cui la prospettiva è la formazione universitaria. Loro hanno le idee chiare in proposito, ma a casa con mia moglie li spingiamo verso questo progetto. Li consigliamo, non li forziamo, ma non ve ne è bisogno il loro sogno è dopo le superiori frequentare l'Università.

Pensi, una volta in pensione e con i figli grandi di tornare a vivere in India?

No la mia esistenza è qui. Si vive dove si costruisce la propria vita, in India penso di andarci per dei periodi. D'altronde quando ci si abitua in un posto e ci si trova bene, poi diviene difficile abituarsi di nuovo a ciò che si è lasciato. Anche perché gli affetti familiari sono in Italia. Inoltre ci vive anche mio fratello, i miei nipoti.

Ti faccio una domanda che faccio sistematicamente a tutti, anche se so già la risposta. Ti chiedo, hai mai avuto problemi di razzismo in Italia, per il fatto di essere straniero intendo.

Una unica volta molti anni fa a Roma, da due sconosciuti i quali tentarono di aggredirmi, ma la cosa finì con l'intervento di italiani che erano lì. Penso sia accaduto per una distorta visione dello straniero, in particolare mi riferisco al turbante,la barba. In quell'occasione i due accennavano a Bin Laden al terrorismo islamico, insomma un distorsione della mia immagine esteriore. E' stato l'unico caso, non è mai accaduto qui dove vivo di aver subito atti di razzismo. Posso dire lo stesso per i miei figli, non hanno mai subito alcuna forma di razzismo sia a scuola che fuori.

Ciò mi conforta, ma come ti ho detto immaginavo la risposta, non ho ancora sentito che la comunità Sikh abbia avuto problemi simili.

Penso sia difficile che i Sikh possano avere problemi del genere, poiché la visione culturale è di inclusione sociale. Il fatto che per formazione culturale noi ci impegniamo nel volontariato sociale, negli interventi nelle grandi calamità naturali, è segno del nostro sentirci parte di questo paese, penso che questo sia un importante elemento di contatto e di aggregazione tra la comunità italiana e quella Sikh.

Ti ringrazio molto del tuo aiuto, mi piacerebbe incontrare tuo fratello.

Ah non c'è problema, ti lascio il suo numero di telefono sarà felice di incontrarti. Chiamalo pure quando vuoi intanto lo avviso così sa chi sei.
<u>*Mi lascia il recapito telefonico del fratello.*</u>
Grazie ancora per la tua disponibilità ci sentiamo e ci rivediamo presto.

Testimonianza 17.
Individuo di sesso maschile,età 47 anni, residente in provincia di Parma. Coniugato, due figli.
In Italia dal 1999.Istruzione: Scuola media superiore. Occupazione: Operaio in stalla.
Presente alla precedente intervista ha chiaro chi sono e cosa andrò a chiedergli.

Mi parli della sua migrazione del progetto di questa esperienza per il futuro, del perché ha lasciato il Punjab.

In India non trovavo un lavoro stabile e questo era avvilente per me. Mio fratello era giunto in Italia tre anni prima, attraverso dei conoscenti. Così nel 1999 decisi di raggiungerlo. Sono arrivato prima io poi mi ha raggiunto dopo cinque anni la famiglia, attraverso il ricongiungimento familiare. Mia moglie lavora con me anche lei è operaia nella stessa stalla. I miei figli, un maschio ed una femmina studiano, la femmina è iscritta a Economia e commercio, il maschio è alle superiori.
Il progetto migratorio era inteso al miglioramento della nostra condizione, un lavoro stabile, la casa, l'istruzione per i figli, possibilmente universitaria. Per la casa ci stiamo pensando, attualmente viviamo in una casa in comodato d'uso,è tipico di chi lavora in stalla. Al momento pensiamo all'università per i figli poi appena saranno laureati penseremo alla casa.

Si è mai pentito di essere emigrato, pensa di tornare a vivere un giorno in India?

Questo paese mi ha dato molto, mi ha permesso di creare un futuro, sono felice della scelta che feci allora. Paragono la mia vita con chi è restato in Punjab e vedo che qui sono cresciuto molto rispetto a chi è restato. Penso di tornare in Punjab solo per brevi periodi quando sarò in pensione.

Ha mai vissuto episodi di razzismo o di xenofobia, per il fatto di essere uno straniero?

No mai, non mi è mai accaduto. Neanche a mia moglie o ai miei figli. Debbo dire che le uniche cose che trovo ingiuste è la questione della cittadinanza. Io sono cittadino italiano, ho acquisito la cittadinanza diversi anni fa, però i miei figli lo sono divenuti e lo diventeranno a 18 anni. Questa cosa proprio non la capisco, mio figlio è nato qui, dovrebbe essere cittadino italiano per nascita, non aspettare di giungere ai 18 anni.

Convengo con lei, andrebbe rivista la legge sull'immigrazione a mio parere, ma sa che questa è politica e dunque bisogna attendere, se non altro chi avrà il coraggio di metterci la faccia e cambiarla. La ringrazio di cuore per l'aiuto.

Testimonianza 18.

Individuo di sesso femminile,età 44 anni. Residente in Provincia di Reggio Emilia, coniugata due figli. Istruzione: Laurea in Economia e commercio (otto anni di docenza).In Italia dal 2003.Occupazione: operaio nel settore logistica e trasporti(contabilità).

Vorrebbe parlarmi del suo progetto migratorio, del perché ha deciso di lasciare il Punjab, considerando la sua posizione lavorativa nel suo paese di origine mi colpisce molto la cosa.

Ho insegnato in Punjab per otto anni, ero docente di Economiae senza ombra di dubbio la mia posizione sociale era particolarmente importante. Ma il problema del Punjab era ed è la possibilità di crescita, intendo miglioramento a livello familiare. Anche se il mio era un ottimo stipendio per i canoni indiani, questo non dava insieme a quello di mio marito grosse possibilità di crescita. Ed il mio pensiero era rivolto ai figli al tempo nati da qualche anno, era ed è dovere di ogni genitore offrire ai propri figli un futuro migliore fatto di crescita, di miglioramento anche economico della situazione familiare. Oltretutto per crescere e migliorare le due cose debbono viaggiare insieme, e questo non lo offriva l'India, almeno per la mia visione di crescita. Da qualche anno mio cognato era emigrato in Italia mentre suo padre era nel paese da alcuni anni, lavorava al tempo come operaio metalmeccanico ed era entusiasta del paese, di ciò che poteva offrire. I suoi racconti mi avevano colpita e cominciai a pensare di andare via dal Punjab. Mio marito non era molto d'accordo, tanto che sono partita prima io con l'idea che se le cose andavano male potevo tornare indietro ma con la certezza del lavoro di mio marito. Se le cose fossero andate bene mi avrebbe raggiunto lui. Siamo rimasti divisi per un anno e mezzo con mio marito ed i miei figli in Punjab ed io in Italia ospite di mia cognata e mio cognato. Trovai lavoro velocemente nella società dove lavoro attualmente e dopo un anno sono passata alla contabilità. Quando mio marito ha lasciato il Punjab qui avevo già un contratto di lavoro per lui, nella mia stessa dittacome operaio.

Come è stato ricominciare con una diversa realtà lavorativa e quali priorità nel momento del ricongiungimento familiare?

Io ero entusiasta dell'Italia e del lavoro, di come e quanto guadagnavo. L'arrivo di mio marito è stato un momento di riunione della famiglia e la prima idea è stata "dobbiamo comprare casa" cosa che abbiamo fatto da lì a poco. I figli si sono adattati velocemente hanno frequentato la scuola sempre con ottimi risultati, ora ambedue frequentano il liceo scientifico ed ambedue andranno all'università.

Si è mai pentita di tale scelta, tornerebbe indietro?

E' ovvio che all'entusiasmo vi erano anche tante paure, ma non mi sono mai pentita della scelta fatta. No non tornerei indietro, per i figli, per la famiglia, per le opportunità che offre questo paese non tornerei in India.Certo periodicamente torniamo in India a far visita ai parenti, per tornare nella nostra città, ma la nostra vita è qui non in India, l'India è il dolce ricordo di una parte della mia vita, ma qui l'albero ha piantato nuove radici.

Le faccio una ultima domanda poi la lascio, il suo entusiasmo è coinvolgente, la domanda dunque, ha mai avuto problemi di razzismo di qualunque genere da quando vive in Italia?

No mai,non mi è mai accaduto. Un evento con degli sconosciuti a Roma l'ha avuto mio marito ma fu un episodio casuale dettato più dal non conoscere che da altro, ma è un episodio a cui non ho mai dato peso. Per quello che riguarda qui in questa realtà mai.

La ringrazio ancora dell'aiuto.

Testimonianza 19.

Individuo di sesso maschile, età 37anni. Residente in provincia di Reggio Emilia, coniugato due figli. Istruzione: Scienze Biologiche (non ha terminato gli studi). In Italia dal 1997. Occupazione: Macchinista ferroviario.

Buongiorno mi chiamo Sandro e mi sto occupando di una ricerca sulla resilienza dei Sikh alla emigrazione. Le avrà accennato suo fratello di me. Le vorrei chiedere del suo progetto migratorio, quando ha lasciato l'India, come si è svolta la sua migrazione, il progetto al tempo e l'evoluzione che ha avuto quell'iniziale progetto di migrazione.

Io sono giunto in Italia nel 1997, in realtà ci viveva dal 1988 mio padre, che lavorava come metalmeccanico. Nel 1997 ricongiunse la famiglia fece giungere in Italia mia madre e me che allora ero diciassettenne.

Mi parlerebbe della migrazione di suo padre, suo fratello aveva accennato a ciò ma non siamo poi andati nello specifico, mi incuriosisce molto questa cosa.

Beh si mio padre giunse nel 1988 come dicevo, ma non era alla sua prima emigrazione. Era emigrato la prima volta nel 1977 giungendo in Iraq, lavorava a Bagdad nel settore delle costruzioni, ponti in particolare, era un buon lavoro ben pagato, era una impresa statale quindi in pratica lavorava per lo stato. Aveva lasciato il Punjab per via dei disordini che stavano crescendo nel paese, riteneva poco sicuro il paese, un poco per via dell'ordine pubblico, ma molto per l'insicurezza del futuro, in quegli anni i rancori sociali avevano rallentato la crescita e le possibilità di miglioramento a livello di crescita familiare erano in stasi. Anche se aveva la possibilità di far studiare i figli, l'esempio è mio fratello che si è laureato in India, sussistevano difficoltà nella certezza del futuro. Il sistema discriminatorio nei confronti dei Sikh, ti ricordo che siamo in India una minoranza si dice siamo il 2per cento della popolazione ma in realtà siamo l'1 per cento, dove l'ingresso nelle università, negli impieghi pubblici è a percentuale ovvero relazionato alla etnia, mette in condizione le minoranze di non avere certezze. E dunque mio padre guardando tutto ciò decise di emigrare. D'altronde l'emigrazione è un fatto presente da molti anni nella nostra famiglia. Abbiamo parenti emigrati in Inghilterra oltre un secolo fa con cui ci si è sempre tenuti in contatto, mio nonno si era arruolato nell'esercito coloniale britannico ed ha servito come sott'ufficiale per decenni. Aveva girato il mondo al servizio della corona Britannica, aveva partecipato al secondo conflitto mondiale combattendo in Italia e nel sud est asiatico, era poi giunto con le forze di occupazione alleate in Giappone nella zona di Hiroshima, dove ha vissuto oltre due anni. Aveva imparato il Giapponese ed era stato in servizio ad Okinawa per altri due anni.raccontava spesso di Hiroshima, delle traverse dei binari fuse dal calore dell'esplosione nucleare, di come fossero giunti in città in pompa magna con tanto di fanfara reggimentale per poi rendersi conto che erano giunti in un deserto di morte e distruzione.

Infine dopo l'indipendenza dell'India tornò nel Punjab vivendo della sua pensione e della sua terra. Quando è morto avevo 15 anni e ho vissuto i suoi racconti. Era stato un ottimo portiere, aveva giocato diversi tornei reggimentali di calcio e tornei interforze tra forze armate dell'Impero britannico, nell'ambito calcistico militare dell'Impero era l'unico calciatore Sikh, era altissimo e magro, sfiorava i due metri. In vecchiaia insegnava a giocare a calcio ai bambini del quartiere. Dopo l'indipendenza molti accordi che erano stati fatti dal governo del Punjab non furono riconosciuti dall'India e molto cambiò. In effetti divenimmo minoranza a tutti gli effetti e con le conseguenze di una cosa simile, mio nonnoera addolorato per questo, e mio padre forse fu influenzato da questa visione del padre.

Quando negli anni settanta la situazione socio-politica del paese mutò egli non ci pensò su due volte ed emigrò.

Mi ha detto che era in Iraq come è che poi è giunto in Italia? Cosa lo spinse a questo cambiamento?

La situazione irachena degli anni ottanta. Dopo l'inizio della guerra Iran-Iraq il lavoro non ebbe intoppi, ma mio padre ebbe l'impressione con il passare del tempo che Saddam stava portando il paese in un baratro. Nel 1988 a guerra terminata egli scelse di lasciare l'Iraq e andò in Francia a Parigi, dove aveva dei parenti. Ci restò molto poco poiché al tempo una sanatoria sull'emigrazione in Italia lo spinse a raggiungere questo paese. Giunse in provincia di Reggio Emilia per via di contatti, in quegli anni c'era una piccola comunità Sikh a Rio Saliceto, diversi Sikh lavoravano per il circo Togni che è del luogo, altri attraverso questi primi emigrati si erano stabiliti in zona, lavorando o nelle stalle o nelle industrie metalmeccaniche, mio padre iniziò a lavorare in una industria metalmeccanica, non gli mancava l'esperienza avendo lavorato anche come carpentiere metallico quando era in Iraq nel settore costruzione ponti.

Poi tra il 1996 ed il 1997 dopo aver ottenuto il ricongiungimento familiare ci fece giungere in Italia. Giungemmo io e mia madre, mio fratello maggiore arriverà nel 2005. Io non sarei andato via dal Punjab, il lavoro di mio padre ci aveva garantito un ottimo tenore di vita, aveva permesso a mio fratello di studiare ed io mi avviavo all'università. Però con il senno di poi era anche giusto che si ricomponesse la famiglia, erano in pratica 20 anni che mio padre viveva lontano senza la famiglia, ma in più il progetto di migrazione che non "avevo" è divenuto un progetto importante e pieno di soddisfazioni.

Mi racconti del progetto che "non avevo", di come è divenuto un progetto.

Si in realtà non l'avevo anche perché non volevo lasciare il mio paese e non era proprio una mia scelta, mi ero iscritto all'università,Scienze Biologiche. Qui in Italia ebbi l'opportunità di entrare nelle Ferrovie dell'Emilia Romagna, feci il corso da macchinista divenendo il primo macchinista straniero in Italia, era il 2001.
Da lì la crescita, comprai casa, mi sono sposato, sono nati i miei figli un maschio ed una femmina. Debbo dire che sono felice di come sono andate le cose.

Ha mai avuto problemi di razzismo nei suoi confronti da quando vive in Italia?

No mai, a lavoro mi sono integrato bene e subito, sono stato sempre trattato come una persona, mai come uno straniero. Il fatto di essere divenuto poi il primo macchinista straniero in Italia, dimostra molto.
Però debbo dire che la migrazione di mio padre, dei suoi coetanei, la mia e quella dei miei coetanei rispetto a ciò che vedo oggi è molto diversa. Allora giungevamo in Italia ed era facile trovare lavoro, cambiarlo anche dalla sera alla mattina. Ma oggi sembra essere tutto così diverso, mi chiedo spesso come si può gestire la migrazione che vedo, tutti costoro che arrivano dall'Africa come li sistemiamo? Non riesco a capire come si può gestire una cosa così. Li vedo in giro senza far nulla, non cercano un lavoro.
A questo punto inizia un lungo dibattito sul fenomeno migratorio, più che un dibattito una lunga spiegazione sul fenomeno, il perché di quel genere di migrazione, i motivi, le situazioni sociali e politiche che spingono tanti in una avventura pericolosa e forse senza poter realizzarla nel concreto. H.....l infine sembra comprendere meglio il fenomeno ci ragiona su e comprende le problematiche africane fuori anche dai contesti che potrebbero dare lo status di rifugiato politico.
Ma perché non ci viene spiegato ciò, come lo hai descritto è chiaro e si capisce meglio la situazione. Però mi chiedo e ti chiedo quali prospettive e speranze hanno per il futuro queste persone?
Beh se non cambia la legge la stragrande maggioranza non avrà alcuna speranza, trascorreranno due anche tre anni in attesa di un riconoscimento, di un documento, che molto probabilmente non avverrà e non otterranno, e si ritroveranno con un pugno di mosche, e pensare che per questa migrazione tanti hanno investito tutto quel poco che avevano, che nel paese di origine, intere famiglie attendono qualche euro per vivere e per pagare il prestito per il viaggio. Così molti sono e saranno costretti ad elemosinare, a spacciare. Se pensi che in quasi tutti i paesi africani da dove arrivano i migranti si vive con meno di un euro al giorno, quando c'è. Spacciando in Italia si riesce a guadagnare chessò due, tre, cinque euro al giorno? Se invio 1 Euro al giorno, in un luogo dove non si guadagna neanche quello, capisci che faccio vivere dignitosamente e non solo la mia famiglia e dico famiglia intera ed allargata. Per cui alla fine è la legge che mette molti in condizione di delinquere.

Questo mi fa riflettere su una cosa che riguarda il Punjab. Oggi è un pochino cambiato ma in passato a livello del cambio della moneta con 1 in India ricevevi al cambio 70. Ti faccio un esempio più chiaro, nel Punjab compravi casa, un appartamento di buona qualità con 2000, se dall'Italia inviavi 300 Euro al mese o anche ogni 2 mesi con il cambio a 70 immagina cosa si poteva comprare in un anno. Ma non solo pensa alla qualità della vita che potevi offrire alla famiglia. Con 4000 potevi comprare una casetta con del verde intorno, per conto proprio, e con il cambio favorevole il basso costo della vita, con ciò che giungeva di rimesse dall'Italia le famiglie vivevano dignitosamente. Se faccio questo pensiero rispetto a quel che mi dici, allora capisco molto. Però non è giusto, non è giusto una cosa così, non si possono tenere gli esseri umani in una tale condizione. Mah speriamo che le cose migliorino, per queste persone.

Per il futuro dei tuoi figli cosa hai progettato?

Come hai visto i miei figli sono dei bambini, ma il mio pensiero è che studino abbiano una istruzione universitaria, così da avere più opportunità da grandi, più scelte.
Giunge intanto il fratello di H....l e il discorso prende una diversa strada, si parla della cultura Sikh, del libro sacro, della evoluzione del Sikkhismo. Infine ci si dà appuntamento per un fine settimana, per un caffè e qualche altra chiacchierata.

Ti ringrazio molto per questa lunga intervista, per aver dedicato tanto tempo alla mia persona, alla mia ricerca. Ancora grazie e a risentirci presto.

Testimonianza20.

Individuo di sesso maschile, età 37 anni. Coniugato, due figli. Residente in Provincia di Parma, in Italia dal 1998. Occupazione: Commerciante.

L'intervista realizzata qualche tempo dopo aver conosciuto S......r. Ci incontriamo nel suo negozio di frutta e verdura dopo esserci dati appuntamento telefonico.

Salve S.......r come stai?

Bene e tu, la tua ricerca come va?

Oh bene molto bene, debbo ringraziarti ancora una volta per avermi portato al tempio.

Ma dai figurati, è un grande piacere ed onore per me, per tutti noi.
Dai non esageriamo, mi metti in imbarazzo. A parte questo sai cosa faremo ora.

Certo che si, chiedimi quel che vuoi.

Dimmi quando sei giunto in Italia?

Nel 1998, giungendo dalla Germania.

Perché giungendo dalla Germania?

Nel 1995 raggiunsi mio padre e mio zio in Germania, avevo 15 anni ed entrai con un ricongiungimento familiare. Mio padre era emigrato in quel paese nel 1991. Quando l'ho raggiunto è stata una mia scelta, e non ho avuto problemi perché raggiungevo il mio papà, dunque l'ho vissuta con serenità ed era poi quello che volevo.

C'erano problemi in Punjab, intendo dire avevate problemi economici.

No assolutamente. I miei genitori avevano avuto vari negozi nel tempo, una cartolibreria prima, un negozio di abbigliamento dopo, un negozio di frutta e verdura. Non avevamo mai avuto problemi economici. Mio padre emigrò come ti ho detto nel 1991 con l'intento di migliorare la nostra posizione economica. In Germania ho fatto diversi lavori, ma in particolare ho lavorato come gelataio. La gelateria intendiamoci non era mia, ero un dipendente, ma mi piacque molto come lavoro. Mi ci impegnavo, cominciai a fare le cialde cucinate al momento e questo fece decollare la gelateria in un modo incredibile. Avevamo sempre gente ed il padrone ne fu entusiasta. Mi pagava molto bene, riconosceva che gli affari erano migliorati e mi passava buoni incentivi economici. E' stata una bella esperienza. Poi nel 1998 venni in Italia direttamente a Parma. Ho fatto una moltitudine di lavori. Ho iniziato come ambulante poi lavapiatti, poi aiuto cuoco per diversi anni dal 1999 al 2008. Infine nel 2009 ho messo su un negozio di frutta e verdura oggi ne gestisco tre, due sono miei, il terzo è in società.

Hai detto di avere famiglia dimmi di loro.

Si ho due figlie, al momento non vivono in Italia, sono tornate in India qualche tempo fa. Mia madre è rimasta sola, così mia moglie l'ha raggiunta con le bambine. Vivono con lei.

Il tuo progetto di emigrazione è quindi andato a buon fine.

Certo, è vero che ero partito molto spensierato, ero giovane, molto giovane, ed avevo la spensieratezza di quella età, però mi sono realizzato, sono contento di come è andata.

Hai mai avuto problemi di razzismo?

No mai, non ho mai avuto problemi del genere con nessuno, né in Germania né in Italia.

Con gli altri stranieri?

Beh no, tranne con qualche nordafricano, Marocchini. Non mi piacciono, non trovo un punto di incontro con essi, non dico che siano tutti negativi, ma con quelli che conosco non mi ci ritrovo. Guarda in sincerità, non provo odio o sentimenti negativi, ma preferisco non averci a che fare.

Uhmmm ti capisco. Beh considerando che abbiamo a lungo parlato in altre occasioni sinceramente non saprei cosa chiederti.

Ma dai chiedimi ancora. Vabbè ti chiedo io. Come sta andando il tuo lavoro di ricerca, parlamene di più. Mi fa piacere che poi la presentiamo al tempio ed altrove. Intavoliamo una lunga chiacchierata che dura mezz'ora, poi S........r chiede di andare ha bisogno di riposare un po' si è svegliato molto presto per acquistare frutta e verdura per i negozi.

Bene S......ti saluto e ci aggiorniamo quanto prima e grazie per l'aiuto.

Sono io che ringrazio te per l'aiuto che ci dai con il tuo lavoro.

Intervista 21.

Individuo di sesso maschile, anni 64. In Italia dal 1990. Occupazione: Pensionato

Buongiorno mi chiamo Sandro, come saprà già sto effettuando una ricerca sulla comunità Sikh. Le chiedo in proposito se vuole raccontarmi della sua migrazione, i motivi che l'hanno spinta a tale decisione. Come l'ha vissuta, come si è trovato poi in Italia.

Sono arrivato in Italia nel 1990 grazie ad un mio amico che viveva sul territorio.A casa in India eravamo io e mia sorella quando sono partito. Mia mamma era morta per cancro e mio papà era anziano e dopo un po' era venuto a mancare anche lui. Avevamo tanta povertà a casa, perché avevamo speso tutti i soldi che avevamo a disposizione per la cura di mia mamma, sai, lì non è come qua in Italia. Avevamo dovuto vendere anche la terra, perché per curare il cancro servono tanti soldi.Io sono arrivato in Italia tanto tempo fa perché avevo un mio amico che era stato aiutato dallo sponsor.

Che aspettative aveva quando è partito?

Non avevo aspettative, avevo perso tutto. Avevo solo mia sorella a cui ci tenevo e volevo solo sistemarmi per mandare soldi a lei.
Quando arrivai, mi ricordo che dopo circa 3 giorni sono andato a lavorare nella stalla. Non capivo quello che dicevano, ma erano persone brave e ho imparato piano piano. Lavoravo tanto, per la mungitura ecco per me non era difficile. Il problema era che mi pagavano poco, molto poco.
Abitavo insieme alle altre persone nella casa del mio capo, vicino alla stalla e mi ricordo che eravamo in 5. Erano brave persone anche loro, mami hanno fatto prendere l'abitudine di mangiare la carne. In india ero vegetariano.

Fu una sua decisione o le fu imposto?

All'inizio non era la mia decisione. Ti spiego: quando sono arrivato in quella casa io ero l'unico vegetariano. Erano brave persone come ti dicevo e loro quando preparavano da mangiare cercavano di preparare a parte per mema comunque sia non stanno così attenti quanto un vegetariano, per esempio usano le stesse posate della carne. A me dava fastidio e ho provato a dire, ma per loro era difficile capire questo. E poi, facevano così tanto per me e se io mi lamentavo era brutto. Allora ho cominciato a mangiare anche io.

Come ha vissuto l'integrazione? Ha trovato dei lati negativi?

In passato l'integrazione era diversale persone erano curiose e non c'erano così tante possibilità che sono state messe a disposizione oggi dallo stato o dagli enti. Si doveva costruire da soli la vita.

Adesso ci sono tante persone straniere e le persone italiane non le vogliono piùperché vedono che gli stranieri fanno cose brutte, litigano per esempio. Ma il brutto è che ci sono poche persone che litigano, ma viene generalizzata a tutti gli stranieri. Penso che le persone vogliono stare lontano, non vogliono avere problemi.

Come vede oggi l'immigrazione?

Adesso le persone che si spostano sono giovani, perché vedono gli altri che sono all'estero e pensano che all' estero ci sia una vita migliore. Purtroppo lasciano il lavoro, la famiglia solo per avventura. Una volta arrivati sul territorio alcuni si pentono perché l'atmosfera non corrisponde alle loro aspettative e tornano indietro; mentre altri vanno alla ricerca di situazioni simili che vivevano in India. Per tal motivo cercano compagnia della stessa città dello stesso luogo di provenienza e vanno avanti.

I giovani di oggi non hanno valori, trovano tutto pronto da chi li ha preceduti. Non hanno più rispetto per le cose e non sanno nemmeno come ottenerle.

Vedo che si è emozionato, la ringrazio per l'aiuto, so che è sempre difficile parlare quando si pensa al passato. E' stato di grande aiuto .Grazie ancora.

L'INFLUENZA DEI PUSH E PULL FACTORS NEL PROGETTO MIGRATORIO

DELLE COMUNITA' SIKH

Attraverso le testimonianze si è compresomolto l'aspetto culturale delle comunità Sikh in primis, ma soprattutto come attraverso gli elementi religiosi che costituiscono l'identità Sikh anche dal punto di vista sociale e comportamentale, questi siano stati in grado di volgere a proprio favore ed in modo estremamente positivo il fenomeno della migrazione dal paese di origine. La partenza negli anni settanta del 900 è stata dettata da quegli elementi di disordine politico e sociale che aveva caratterizzato un periodo molto lungo della storia del Punjab. Partenze che spesso potremmo definire "all'avventura" dove chi partiva, al tempo, non aveva riferimenti in Italia di nessun genere. Qualcosa poi cambia nel tempo, chi era giunto sul territorio italiano in particolar modo nel Nord Italia, si struttura nei luoghi di arrivo e coinvolge nella migrazione i nuclei familiari di origine, oltre che i familiari allargati ed i parenti acquisiti per poi coinvolgere i conoscenti, gli amici. A questo punto della migrazione siamo negli anni 90, e con una migrazione più strutturata e più numerosa si costituiscono comunità Sikh nel senso vero della parola e queste cominciano a sentire il bisogno di una struttura ed un luogo che sia il cuore pulsante delle comunità stesse. Così nascono i Gurdwara, i templi, che come visto hanno un significato che va ben oltre l'elemento religioso, ma sono contemporaneamente elemento aggregante e di utilità sociale andando a concentrare il sistema di mutuo aiuto-soccorso dei Sikh all'interno di questi, concentrandolo quindi in un luogo visibile e reale di libero accesso a chiunque. Rispetto ad altre realtà culturali i Sikh riescono in tempi brevissimi ad adattare strutture per l'uso religioso, culturale e sociale, affittano inizialmente le strutture adeguandole alle normative di legge in merito ai luoghi di culto per poi acquistarle. Gli acquisti di tali strutture si realizzano nel termine medio di 4 anni dall'affitto iniziale, con un uso in affitto in media dello stesso periodo. Le strutture di Novellara e Parma sono un esempio tangibile, dopo un fitto in media di tre anni si è proceduto all'acquisto e poi alla costruzione del nuovo tempio con impegni economici rilevanti che si posizionano ben oltre il milione di Euro di Novellara ai circa settecentomila di quello che impiegherà la comunità di Parma. La particolarità degli impegni economici per le due strutture è di carattere sociale, attraverso l'impegno di tutti coloro che ruotano intorno a queste, attraverso libere offerte, ma, ciò che fa riflettere è che l'insieme delle due comunità, o meglio delle persone anche fuori dalle provincie di Reggio Emilia e Parma che ruotano intorno ai due templi, conta circa 5000 persone, rispetto ad altre realtà etniche che contano più di 10.000 individui. Viene spontaneo chiedersi il perché di tale impegno economico, che oltretutto diviene una responsabilità elevata per i membri dirigenti dei luoghi di culto. Il perché è presto detto, per i Sikh la comunità ha l'opportunità di crescere e migliorare attraverso i templi poiché è qui che è possibile trovare un lavoro, essere indirizzati per ottenere documenti e permessi per poter vivere e lavorare in Italia, è attraverso il tempio che la regola del mutuo soccorso si realizza. Il tempio è l'elemento di resilienza alla migrazione, ed è attraverso questo che i Sikh sono passati in pratica indenni alla crisi economica degli ultimi anni. A questo non manca poi l'adattabilità di tali individui. La mentalità e la regola comunitaria ed identitaria ha fatto si che anche chi aveva alle spalle un titolo di studio universitario, o nel Punjab addirittura era docente universitario, si sia adeguato ad ogni genere di lavoro. E ciò è accaduto non perché necessità diviene virtù, ma perché nell'animo Sikh prevale l'importanza della crescita attraverso il lavoro, attraverso l'onestà di questo ed ogni lavoro è dignitoso, e non è importante il tipo di lavoro è importante "il lavoro" e ciò è valido ovunque per i Sikh, come in Punjab così negli U.S.A. come nel Regno Unito, come in Italia, ovunque la diaspora ha portato i Sikh. Tale visione del lavoro, della vita e della crescita è vicina ai canoni, per fare un esempio, delle comunità evangeliche o pentecostali dove è importante il frutto del lavoro qualunque esso sia, e non va demonizzato e non deve essere vissuto con insofferenza perché lontano dai canoni di istruzione che si possiede. Ciò non ha alcun valore nel mondo Sikh e ciò dunque ha permesso una adattabilità straordinaria alle mutazioni e crisi del mondo lavorativo, in particolare per quello italiano. Da tutte le interviste si evince questo particolare atteggiamento dei singoli dove persone con elevata istruzione hanno adattato se stessi ai lavori più svariati affinchè il progetto migratoriogiungesse a realizzazione.

Per tutti gli intervistati ma anche oltre il progetto migratorio è quasi sempre stato strutturato con chiarezza, già alla partenza. Ovvero giungere in Italia, trovare un lavoro, avere una casa e nel breve acquistarla, offrire ai figli una istruzione quanto più elevata possibile, con una visione in particolare a quella universitaria. In quello che è l'acquisto di una abitazione a testimonianza vi è una ricerca della BPER, la banca popolare dell'Emilia Romagna la quale in un progetto finanziario dedicato a stranieri ha scoperto che i Sikh sono coloro che accedono in minor tempo a finanziamenti per l'acquisto di immobili, con un impegno economico e dunque qualitativo dell'acquisto pari o superiore ai 79.000 Euro di valore, ben oltre la media di altre comunità, con punte di acquisto che giungono al 70% delle famiglie Sikh. Dunque i Sikh sono quasi tutti proprietari dell'immobile in cui vivono, con immobili di ottima qualità, ed acquistati nella media di 5 anni dall'arrivo in Italia. Questo è significativo in quanto esprime con chiarezza ciò che le testimonianze raccontano.

Per quanto riguarda episodi di razzismo dalle interviste si evince che pochissimi hanno avuto problemi del genere ed in merito parliamo di tutto l'arco migratorio temporale Sikh che si è intervistato, il quale parte da elementi della primissima migrazione risalente al 1975/1978. Tranne ovviamente rari casi iniziali presumibilmente dovuti a non conoscenza poiché spesso i rapporti si sono poi saldati, i quali non hanno peso sulla percentuale che possiamo definire positiva.

Da dire poi che a livello comunitario, attraverso discussioni aperte ma non rientranti nelle interviste, ovvero fuori dal titolo di ricerca, un importante elemento che accomuna i Sikh è la partecipazione attiva alla vita sociale dei luoghi in cui essi vivono. Da questo punto di vista i singoli e le comunità Sikh partecipano attivamente nell'ambito del volontariato di vario genere, se non di persona attraverso impegni economici del tempio. Ad esempio attraverso l'acquisto di automezzi per la Croce Rossa Italiana, o per la Protezione Civile, ai soccorsi nellecalamità naturali quali la partecipazione con aiuti di varia natura nei luoghi del terremoto dell'Emilia, dell'Abruzzo,delle Marche. Partecipazione attiva di gruppo ed attraverso aiuti da parte della comunità con acquisto di beni di prima necessità e trasporto fino ai luoghi. In questo la comunità che ruota intorno al tempio di Novellara è un esempio indiscutibile, considerando che la Prefettura interpella e richiede l'aiuto della comunità per il rifornimento di beni di prima necessità nell'immediato di catastrofi naturali, segno oltretutto di una organizzazione di buon livello. Questo partecipare che è un elemento intrinseco della morale comportamentale ed identitaria dei Sikh, diviene un elemento di duplice utilità poiché se da un lato assolve ai doveri di base di un Sikh dall'altro li rende, agli occhi della società che li accoglie, inclusivi. Ed in effetti attraverso le interviste a studenti di vario ordine e grado si comprende come essi siano ben considerati dalle comunità ospitanti, tanto da farli essere realmente inclusi e non subendo alcun atto di razzismo.

PUSH FACTORS

E' risaputo che nei processi di migrazione i PushFactors ovvero i fattori di spinta, sono quelle condizioni che spingono un singolo individuo od un gruppo umano ad emigrare. Il fenomeno migratorio causato dai PushFactors investe dunque individui o comunità mossi da una decisione complessa, determinata da forze che attirano tali comunità verso un determinato luogo che costituisce la meta. Tale decisione coinvolge tutta l'identità dell'individuo e le reti di persone rispetto alle quali tale identità si è costruita.

I fattori di spinta alla scelta migratoria sono rappresentati da una serie di situazioni che si possono includere in una sorta di elenco, delle quali nella scelta se ne possono riconoscere una o più. In effetti le situazioni anche se diversificate ruotano intorno ad alcuni elementi di base; l'individuo, il bisogno di crescita e miglioramento, le situazioni di disagio economico, sociale, politiche, individuali, che portano infine alla migrazione. Queste sono rappresentate da:

Situazioni di sottosviluppo, miseria, sottoalimentazione.
Impossibilità di ottenere un livello minimo di sopravvivenza.
Persecuzioni di tipo politico, religioso, sociale.
Impossibilità di soddisfare bisogni di ordine materiale.
Mancanza di una occupazione stabile.
Impedimento alla realizzazione di un progetto personale.
Emergenza di carattere ambientale.
Esigenza di svincolo da legami comunitari.
Difficoltà legate alla realizzazione personale dell'individuo secondo le proprie aspirazioni.

Questa la comprensione dell'elemento PushFactors e le situazioni ad esso legate, ciò torna utile per comprenderequali elementi di spinta hanno contribuito all'emigrazione degli individui delle comunità Sikh che ruotano intorno ai templi di Novellara e Parma. Dalle testimonianze si possono individuare alcuni precisi elementi e situazioni deiPush Factors dei Sikh. Elementi e situazioni che aiutano anche a comprendere meglio il sistema di aggregazione e di mutuo aiuto-soccorso, dei Gurdwara.

In primis appare chiaro che la percentuale maggiore di elementi-situazione di Push Factors è la discriminazione/persecuzione di tipo politico o religioso. Nel caso dei Sikh, anche se non sono stati individuati individui direttamente e personalmente coinvolti in situazioni di discriminazione/persecuzione, appare chiaro la presenza di tale elemento di tipo politico e religioso a livello di gruppo etnico. La maggior parte dei Sikh intervistati che è emigrata dal Punjab tra il 1978 ed il 1990 ha scelto l'emigrazione per sfuggire ad una situazione di disagio, timori ed insofferenza nei confronti della politica del governo centrale dell'India la quale nel periodo indicato aveva indiscriminatamente tacciato i Sikh di terrorismo. I timori legati alla politica indiana per la situazione del Punjab del tempo come più volte accennato, crearono uno stato di timori in una situazione particolare, ovvero la discriminazione all'interno del proprio stato a stragrande maggioranza Sikh creando così i presupposti alla migrazione.

Oltretutto le persone emigrate in quel periodo tra quelle intervistate avevano un bagaglio di istruzione spesso elevato ed un buon livello di benessere sociale e familiare. Ciò oltretutto dimostra che la discriminazione di carattere politico, come spesso accade, finisce con il colpire gli individui più istruiti in quanto la visione di menti pensanti è tendenzialmente vista come individuo in grado di condizionare le masse. C'è da dire che tra gli intervistati che emigrarono in quel periodo è percettibile un senso di insofferenza rispetto alla tipologia del progetto migratorio, nel senso che è sentito in parte come una necessaria fuga dal contesto di appartenenza. Quel senso forse di fuga in qualche modo resta come disagio psicologico quando si evocano i ricordi della partenza. C'è da specificare che in costoro non vi è pentimento, anzi i risultati del progetto migratorio sono stati più che soddisfacenti per i singoli individui.

Il secondo elemento Push Factors ha a che fare con le difficoltà legate alla realizzazione personale dell'individuo secondo le proprie aspirazioni ed in tale situazione rientra la percentuale più elevata tra gli intervistati. C'è da dire che tale situazione è registrata anche per la precedente ma è presumibile che tale fattore sia nato in un secondo momento in modo inconscio, andandosi ad aggiungere al primo. Fatto sta che la maggior parte degli intervistati ha dichiarato che oltre al fattore sociale legato a discriminazioni politico-religiose vi era l'elemento della realizzazione personale. E' ovvio che in una situazione sociale ove è presente un elemento persecutorio, venga preclusa automaticamente la realizzazione personale. E tale elemento come detto compare in pratica in tutti i casi ove si è dichiarato una insofferenza sociale. Tale elemento è stato maggiormente sentito da coloro che avevano una istruzione elevata, divenendo di secondo ordine nelle persone con una istruzione media e quasi non percepita nelle persone con basso livello di istruzione. In effetti in quest'ultimo caso è predominante il bisogno economico, ma vi è la consapevolezza che per alcuni contesti lavorativi vi è la possibilità di una realizzazione personale e professionale attraverso corsi di specializzazione e mansioni tecniche specializzate quali quelle del campo metalmeccanico. Il terzo elemento in ordine percentuale risultato dalle interviste quale Push Factors è la mancanza di una occupazione stabile. In questo caso gli individui che hanno accennato a tale situazione sono giunti in Italia dalla seconda metà degli anni 90 in poi. Buono il livello di istruzione ma si sono ritrovati in quegli anni in una situazione di difficoltà occupazionale, derivata da un aumento della disoccupazione in Punjab, causa degli effetti di instabilità sociale protrattasi per tutti gli anni 80 e 90. Ricordiamo come alla fine degli anni 60 il Punjab si trovava in una congiuntura economica molto positiva, dove politiche di riforma agraria e strutturazione industriale, con ingenti investimenti statali nei due ambiti avevano portato ad una crescita esponenziale ragguardevole con punte del 4% annue ed una disoccupazione non superiore al 5% . Percentuali estremamente interessanti e molto positive, ma che andranno a disgregarsi come più volte detto nel corso degli anni 90 dopo un decennio di restrizioni di carattere politico-sociali e che porterà una nuova generazione ad una emigrazione quasi esclusivamente economica. Dunque volendo analizzare con attenzione la percentuale del Push Factors nelle comunità che ruotano intorno ai templi di Novellara e Parma (estrapolate dalle interviste) potremmo dire che queste riguardano tre fattori divisi in percentuale come segue:

1) Discriminazione/Persecuzioni di tipo politico, religioso, sociale in percentuale del 60% degli intervistati.

2) Difficoltà legate alla realizzazione personale dell'individuo secondo le proprie aspirazioni in percentuale del 30% degli intervistati.

3) Mancanza di una occupazione stabile in percentuale del 10%.

Nell'ambito del primo fattore indicato, come già detto, si riversa in parte tra le stesse anche il secondo fattore in una percentuale del 20% dei primi. Quindi ci troviamo anche in casi con più di un fattore ma come accennato, potrebbe essere un fattore secondario subentrato in seguito.

Per i PushFactorspreciso ancora una volta che coloro che fanno parte della prima migrazione, quella relativa alla fine degli anni settanta fine anni ottanta, la spinta fu dettata dalle discriminazioni politico-religiose.

Se proviamo a confrontare i Push Factors delle comunità Sikh, con i dati delle statistiche nazionali relativi alle comunità straniere presenti sul territorio nazionale si scopre che per i Sikh i fattori di spinta sono in pratica rovesciati poiché è molto diverso l'elemento di partenza, in percentuale la distribuzione dei Push Factors in Italia è connessa come segue:

1) Motivi di natura economica 53%

2) Motivi familiari 26%

3) Motivi di studio 21%

4) Motivi culturali 17%

5) Motivi politici 10%

Tali statistiche sono poi applicabili e riscontrabili con simili percentuali nelle due provincie di Reggio Emilia e Parma.

Quindi se analizziamo le percentuali nazionali ma soprattutto quelle provinciali dei motivi di PushFactors rispetto a quelli evidenziati dalle comunità Sikh dei templi di Novellara e Parma ci troviamo come detto in un rovesciamento (degli elementi più importanti) con percentuali che fanno si che il caso dell'emigrazione Sikh sia un elemento particolare e distinto in pratica, da quasi tutte le altre emigrazioni o meglio dai motivi della maggior parte dei gruppi etnici presenti nelle due provincie di Reggio Emilia e Parma. Questo potrebbe divenire un elemento di attenzione istituzionale in considerazione degli elementi Push Factors analizzati ed individuati, che sono indubbiamente particolari e potrebbero cambiare la visione dei Sikh a livello di insiders.

PULL FACTORS

I Pull Factors (fattori di attrazione) sono le condizioni che attraggono un individuo o un gruppo umano, che è spinto a muoversi per raggiungerle. A differenza dei Push Factors i Pull Factors hanno un elemento "nazionale" che li contraddistingue, ovvero divengono elementi attrattivi diversi e diversificati a secondo del paese ospitante. L'Italia che ha avuto un passato (ed anche un presente) di emigrazione molto importante è divenuto oggi anche paese attrattivo, politicamente il paese ha risposto al giungere di crescenti masse con una gestione dell'accoglienza improvvisata e improntata principalmente alla regolarizzazione del fenomeno piuttosto che al miglioramento delle condizioni di vita dei migranti.

L'internazionalizzazione del mercato lavorativo italiano ha offerto negli ultimi anni opportunità lavorative ad "hoc" offerte da mansioni e da settori i quali non trovano nella manodopera locale una adeguata risposta. Ciò che è stato poco alla volta disdegnato dalla componente lavorativa italiana è stata assorbita da quella straniera spesso con trattamenti economici non proprio adeguati, ma che ha premesso al settore industriale e non solo di crescere, svilupparsi e spesso resistere alla crisi economica che si protrae da quasi un decennio.

Da quanto è stato raccolto tra le comunità Sikh appare come ciò che è stato appena detto sia un elemento reale, basta pensare all'impiego dei Sikh in agricoltura, nell'allevamento, nella lavorazione dei prodotti caseari e nella trasformazione delle carni, o ancora nel settore metalmeccanico.

Ma andiamo a vedere i Pull Factors dell'Italia per poi confrontarli con quelli delle comunità Sikh dei templi di Novellara e Parma.

Tabella 1- Pull Factors generale.

1) Democrazia e libertà.

2) Benessere e ricchezza.

3) Facilità di ingresso.

4) Tolleranza e assenza di razzismo nel popolo italiano.

5) Aspettative di lavoro stabile

6) Vicinanza geografica.

7) Presenza di amici e parenti.

Dall'analisi delle interviste emerge che i Pull Factors per le due comunità Sikh sono stati la presenza di parenti,amici e conoscenti, aspettative di lavoro stabile e quindi possibilità di crescita. In minore percentuale benessere e ricchezza, facilità di ingresso.

Andando ad analizzare le interviste nel particolare, si ottengono le seguenti percentuali.

Tabella 2- Pull Factors comunità Sikh, post interviste.

1)Presenza di amici e parenti in percentuale dell'80% degli intervistati.

2)Aspettative di lavoro stabile in percentuale del 60% degli intervistati.

3)Benessere e ricchezza in percentuale del 50% degli intervistati.

4)Facilità di ingresso in percentuale del 15% degli intervistati.

Ad una iniziale osservazione delle percentuali comprendiamo una discrepanza nei valori delle stesse, quindi andiamo ad approfondire tale anomalia.
Gli elementi 1-2-3 si sono riscontrati insieme nelle interviste (molteplicità delle risposte) e a differenza dell'analisi dei Push Factors dove in buona parte si sono potuti presentare dei valori percentuali distinti, nell'elemento Pull Factors delle comunità Sikh prese in analisi gli elementi si combinano e dunque vanno interpretate come più risposte all'interno di una singola intervista.
Solo per quanto riguarda la facilità di ingresso si sono espressi pochissimi individui i quali avevano preso in considerazione per prima tale fattore. Si tratta in questo caso di individui che erano giunti in altri paesi europei, confinanti con l'Italia ed i quali in particolari momenti contingenti relativi a sanatorie sulle migrazioni hanno scelto di entrare in Italia ed approfittare del particolare momento per poter entrare in una condizione di stabilità migliore rispetto al paese europeo di provenienza. Questa scelta aveva permesso di ottenere un regolare permesso di soggiorno, rispetto ai permessi di breve durata ottenibili altrove.
Bisogna inoltre dire che se per gli intervistati di più vecchia emigrazione alcuni se non quasi tutti i Pull Factors erano assenti, per una parte importante degli arrivati dalla fine degli anni 90 gli elementi Pull Factors sono stati dettati in pratica dal Tempio di Novellara. Questo come detto è stato ed è elemento aggregante ed in esso si possono inserire gli elementi Pull Factors, anche se non contemplato nelle statistiche ufficiali, possiamo affermare che il Tempio può essere un elemento attrattivo poiché è la dimostrazione dell'esistenza e della organizzazione di una comunità e dunque, infine la concreta possibilità di raggiungere i fattori 1e2 della tabella.

LA SPIRITUALITA' SIKH QUALE ELEMENTO DI RESILIENZA

Dall'analisi delle intervista (comprendenti anche quelle non trascritte) si è giunti ad una constatazione particolare, la quale ha a che fare con la spiritualità della cultura Sikh. La visione religiosa che vuole che il Sikkismo non contempli l'invito alla conversione di individui di religione diversa ha portato nel tempo ad una visione da parte degli autoctoni di una cultura ed una religione la quale non contemplando quanto si diceva (la conversione) non viene percepita come negativa non facendo questa alcuna pressione sull'altro. Già nel contesto indigeno i Sikh sono apprezzati quali grandi lavoratori, onesti, non inclini all'aggressività, persone in cui poter riporre fiducia. Cose che nella realtà dei fatti non dovrebbero neanche essere prese in considerazione poiché la visione dell'altro secondo parametri strutturati diviene una forma di pregiudizio, ma nel contesto del pregiudizio appena accennato la spiritualità Sikh diviene un vantaggio a favore della comunità stessa. Per meglio comprendere riporto i risultati di una serie di interviste (50) realizzate all'interno dell'ambito ospedaliero tra il personale sanitario di vario ordine (Medici, Infermieri, O.S.S. Tecnici sanitari) e tra la popolazione della città di Parma (circa 50 interviste) comprendente persone di varia estrazione sociale e di età compresa tra i 19 e gli 80 anni.

Ne è risultato che il 60% degli intervistati sapevano chi fossero i Sikh riuscendo ad identificarli con relativa precisione, attraverso i simboli culturali, in particolare la barba fluente ed il turbante. Un 20% sapevano orientativamente chi fossero i Sikh, ovvero da dove provenivano e quale lavoro la maggioranza di essi facesse, ovvero il lavoro in stalla.Solo il 20 % degli intervistati non avevano idea chi fossero i Sikh.Il 90% degli intervistati (dell'80% di coloro che conoscono i Sikh) ha affermato che mai avevano sentito di Sikh che cercassero di convertire "italiani", al contrario hanno affermato che questa è una pratica comune dei musulmani. Quest'ultima affermazione è da considerarsi anche nel quadro del pregiudizio crescente che le comunità islamiche subiscono con l'ascesa dell'Isis e di Al Qaeda prima. Nella visione Sikh relativa alla religione non è assolutamente contemplato il tentativo di conversione religioso, ma bensì l'aiuto a rientrare nella propria religione se questa è messa in dubbio. Ne è conseguito quindi che oltre ad una "ammirazione" di carattere culturale vi è associata anche una di carattere religioso.Ciò ha aumentato la fiducia riposta nella popolazione Sikh, creando senza volerlo un fattore di miglioramento alla migrazione, una resilienza che potremmo definire spirituale, cosa di cui i Sikh sono all'oscuro poiché non hanno mai pensato che un tale elemento potesse in qualche modo avvantaggiarli.E' vero come detto che quanto descritto è nella realtà dei fatti una forma di pregiudizio, si conferma l'idea che se l'altro è tranquillo, non si sente, lavora e non disturba è considerato un buon emigrante, al contrario si diviene un cattivo emigrante. Dunque come accennato all'inizio di questo studio, è purtroppo insita nella popolazione indigena una visione di straniero buono e di straniero cattivo, non in base all'individualità di questo ma secondo dei canoni etnici e culturali che altro non sono che la proiezione dell'idea dell'altro di origine coloniale, che in qualche modo si è non solo perpetuata nel nostro paese, ma ancor più si è rinnovata e trasformata, in peggio ovviamente e a sfavore quindi di chi giunge.

Fig. 13- Momento di raccoglimento spirituale. Vaisaki di Novellara, Aprile 2017

CONCLUSIONI

Dal lungo lavoro di intervista, dai confronti con le comunità Sikh è emerso infine un particolare dato; la capacità di una comunità di essere riuscita a crescere e migliorare la propria posizione sociale all'interno delle provincie di Reggio Emilia e Parma. Rispetto ai primi arrivi queste comunità sono riuscite a volgere a proprio favore le difficoltà iniziali, di quella che fu senza dubbio trenta anni fa, una migrazione difficile, per la differenza culturale, per la visione che in Italia avevano di questi individui considerati onesti e miti ma al tempo stesso "sfruttabili". Alcune incomprensioni culturali, di non conoscenza, avevano indubbiamente creato difficoltà, dall'atteggiamento negativo verso i simboli della cultura Sikh ovvero il turbante e la barba, alla visione errata di un popolo di poveri allevatori e contadini non istruiti. La mancanza di conoscenza ovviamente resta la fonte primaria del pregiudizio e ciò non è mancato per i Sikh. Ma a differenza di altre diversità culturali, i Sikh hanno reagito in modo ottimale, il progetto migratorio nel tempo era divenuto ben strutturato in quasi tutti gli individui, con obiettivi precisi spesso stabiliti alla partenza miranti a tre elementi fondamentali, il lavoro, la casa, l'istruzione dei figli. E queste comunità hanno realizzato tali elementi in tempi sorprendentemente brevi, spesso in metà del tempo rispetto ad altri gruppi etnici. Questo elemento temporale ha posto quindi la domanda del perché del dimezzamento dei tempi (in media un quinquennio) e cosa ha portato a tale risultato. Ne è emerso così che l'istruzione è stata la base per ciò. Ricercando ho così scoperto che nell'ambito della migrazione Sikh il 70% della popolazione dispone di una istruzione medio alta, con oltre il 40% di laureati e meno del 20% con una istruzione bassa. Ciò ha permesso quindi di approcciare in minor tempo il sistema bancario, comprenderne le dinamiche e aprire così mutui per l'acquisto di una abitazione. Ancor più si denota che i figli della migrazione Sikh sono in media maggiormente istruiti sia degli autoctoni che degli individui di altre comunità e questo rientra come più volte accennato agli obiettivi del progetto migratorio. L'adattamento e la dignità al lavoro ha poi permesso ai Sikh di portare avanti in modo competitivo sia il progetto stesso della migrazione, che l'inclusione sociale, cosa che fa di questi individui un esempio positivo di adattamento. Ancor più bisogna dire che l'elemento aggregante e culturalmente rilevante della comunità è il tempio, come detto esso è il nucleo della società stessa, il vettore della organizzazione sociale della comunità ed attraverso questo la comunità si è nel tempo inclusa nel tessuto sociale italiano. Ed ancora la stessa spiritualità che è un elemento astratto, nella concezione Sikh è qualcosa di reale e presente in ognuno, ed ha fatto si che nelle difficoltà della vita i Sikh avessero un elemento ulteriore di resilienza, il quale ha comunque positivamente determinato l'atteggiamento dei singoli.Conosciuti e conosciuta, (anche se in piccola parte) la cultura Sikh è un elemento che nelle popolazioni indigene non desta preoccupazioni, timori o paure; i simboli culturali quali il turbante, la barba, il bracciale di ferro sono riconosciuti e nell'idea popolare rappresenta il migrante "buono".Come già detto è quest'ultimo un elemento che personalmente definisco pregiudizio, ma ripetendomi ancora una volta, *"se questo è il prezzo dell'inclusione sociale, allora va bene anche questo"* e penso che in fondo i Sikh saranno d'accordo con me.

Fig. 14- I mille colori delle comunità Sikh, Vaisaki di Novellara, Aprile 2017.

RIFLESSIONI

Nell'ambito di questo lavoro che si potrebbe definire antropologico/sociale sono giunto a delle riflessioni, che in realtà sono l'estrapolazione di un pensiero fuori dal contesto di indirizzo della mia formazione. Vuole essere una riflessione libera, non condizionata, non da studioso. Come più volte detto è stato un lavoro appassionante, concreto ed umanizzante se così lo posso definire, poiché il contatto, la conoscenza, l'incontro tra la mia cultura, la mia storia sia personale che migratoria, con quella di tanti Sikh mi ha colpito, mi ha fatto comprendere ancora una volta come dietro un volto, un abito, ci possono essere storie incredibili. Storie che parlano di coraggio, di forza morale, interiore, di spirito di sacrificio, di volontà di migliorarsi e migliorare la condizione della propria famiglia. E migliorare la propria condizione non significa esclusivamente migliorarsi economicamente, scappare dalla fame o dallapovertà, ma anche migliorare la propria condizione morale, crearsi la possibilità di migliorare il futuro dei propri figli, attraverso la possibilità anche economica che permetta a questi di studiare, di avere un futuro migliore. L'emigrazione è una condizione di grande responsabilità, soprattutto per chi è capofamiglia (indipendentemente dal sesso del capofamiglia) significa portare sulle spalle il fardello del futuro di altre persone, sia a breve che a lungo termine. Spesso in altre culture questo non è relegato solo alla propria famiglia nucleare, ma si allarga molto oltre, investe fratelli minori, genitori, famiglia allargata, spesso il destino ed il futuro di altre "invisibili" persone è legato ad un solo individuo. Emigrare in molti casi è ripartire da zero, letteralmente, si lasciano nel paese di origine beni materiali ed immobili, di cui non si potranno neanche sfruttare eventuali rendite, beni semmai lasciti di genitori o risultato di investimenti del proprio passato, non sfruttabili nella nuova situazione. E quindi come detto si riparte da zero, sperando nella propria migrazione di poter almeno dare alla propria famiglia lo stesso tenore di vita della partenza, anzi spessissimo si parte con questa idea riuscire almeno ad offrire una soglia minima, e tutto ciò che arriva oltre quella immaginaria soglia di partenza è un miglioramento. Per questo, solo per questo ogni migrante avrebbe diritto al rispetto dell'altro, dell'autoctono e dello stesso migrante. E' un peso enorme che si porta sulle spalle, e spesso quando le difficoltà si fanno sentire, quando i problemi affliggono si cerca di non far trasparire certi stati di ansia, si conserva il sorriso, la spensieratezza, la tranquillità affinchè i congiunti non debbano preoccuparsi. Ed il fardello diviene così ancora più pesante. Poi vi è l'ovvietà della vita, il fato, la fortuna, il destino, lo si chiami come si vuole, quell'elemento che può far migliorare o fallire un progetto migratorio che in alcuni casi porta alla vergogna della famiglia, o all'ammirazione della stessa e dell'individuo stesso. Psicologicamente ed emotivamente è dunque un fattore di forte stress, almeno i primi tempi, tempi che possono essere anni. L'impatto culturale poi è un ulteriore elemento di peso, le differenze culturali, di lingua, di abitudini restano elementi tangibili che quasi si toccano con mano e fortemente destabilizzanti per il singolo individuo. E' per questo che si cerca l'elemento di propria identità culturale, poiché l'incontro di altri connazionali riduce in qualche modo lo stress culturale, permette di scambiare opinioni con individui che "pensano ed agiscono al tuo stesso modo". Ciò vale per tutti senza distinzione alcuna, sia esso un emigrato interno, o un immigrato da altro paese, non si può sfuggire in alcun modo al contesto culturale di provenienza. In questa riflessione non guardo e non penso alla positività o negatività dell'ultimo passaggio, non ha importanza, ma il contatto con la propria cultura di origine è indispensabile poiché occorre all'individuo per ricordare e sapere da dove viene e dove sta andando. Ed è necessario che ciò vada conservato, deve essere conservato, non si può essere italiani senza conservare la propria cultura di origine, non si può essere italiani pretendendo la cancellazione delle proprie origini, e dico italiani perché non vi è al mondo un paese come l'Italia che nell'arco dei millenni ha visto una commistione di culture diverse, le quali nel tempo hanno portato a quel miracolo di cultura e di beni culturali che fanno del nostro paese il Caput Mundi dei beni storici, artistici, archeologici e culturali del pianeta terra. E' questo il segreto del nostro paese, e questo deve essere portato alla comprensione di tutti, su questo bisogna lavorare affinchè il nostro paese diventi paese di inclusione sociale e non di sola integrazione. Dico ciò perché questo paese è stato così da sempre, paese di inclusione sociale, ed è sufficiente pensare alle mille etnie che hanno percorso, abitato, anche dominato questo paese. Giungendo da altrove, portando e lasciando il proprio io culturale, che a sua volta ha creato armonia e fratellanza. Se per essere semplici pensiamo alla nostra carta costituzionale, troviamo in essa racchiuso tutto il passato culturale dell'Italia, essa è e resta la più moderna carta costituzionale del pianeta nata non solo da padri costituenti illuminati, ma da padri costituenti che in essa hanno inserito la nostra storia di inclusione sociale e culturale, racchiusa in poche righe ma che fa riferimento alla cultura diversa, al colore della pelle ed al credo religioso, tutti uniti in un contesto di uguaglianza che è radice della nostra storia di popolo, di paese e di migrazione.

Debbo infine ringraziare coloro che mi hanno aiutato ed anche ispirato in questo lavoro; ci sono persone che senza neanche volerlo hanno avviato questo processo di ricerca, altre ancora hanno contribuito in modo significativo, attraverso consigli, chiarimenti, idee. Ma soprattutto debbo ringraziare le comunità Sikh di Novellara e Parma che mi hanno dato la possibilità attraverso i propri membri di approcciare persone di ogni estrazione per poter quindi giungere al risultato finale. Mi sento in dovere di ringraziare personalmente costoro, senza stare a dire il perché di ogni singola persona che cito: Alessandro Bonardi, Tiziana Lavalle, Bruno Ciancio, SukhinderSingh, BalwinderKaur, Amritpal, JaspalSingh, HarpalSingh, tutte le persone anche se anonime che hanno concesso le interviste, ed a quest'ultime va il mio più profondo riconoscimento, per l'attiva partecipazione, per le storie meravigliose ed umane che mi hanno raccontato, per aver aperto il loro cuore, concesso i loro ricordi, a volte tristi a volte felici, per non aver avuto vergogna alcuna per la loro condizione di migranti, per avermi fatto sentire me stesso, per avermi fatto comprendere la mia condizione di migrante attraverso le loro parole i loro racconti.

BIBLIOGRAFIA

Ambrosini M., 1999. Utili invasori, Milano, Franco Angeli.

Ambrosini M., 2001.La Fatica di integrarsi. Immigrati e lavoro in Italia, Roma, Il Mulino.

Ambrosini M., 2008. Un'altra globalizzazione. La sfida delle migrazioni transnazionali, Bologna, Il Mulino.

Ambrosini M., Abbatecola E., 2009.Migrazioni e società, Milano, Franco Angeli.

Brighentimubi A. 2009.Territori migranti, Ombre Corte, Verona.

Cingolani P., 2009.Romeni d'Italia. Migrazioni, vita quotidiana e legami transnazionali, Bologna, Il Mulino.

Ciancio B., 2014.Sviluppare la competenza interculturale. Il valore della diversità nell'Italia multietnica. Un modello operativo, Milano, Franco Angeli.

Colombo A., Sciortino G., 2002. Assimilati ed esclusi, Bologna, Il Mulino.

Colombo A., Sciortino G., 2004.Gli immigrati in Italia, Bologna, Il Mulino.

Corsi M., 2000.Comunitarismo e rivoluzione verde in Punjab, a cura diTorri M., Basile E., in " il subcontinente indiano verso il terzo millennio", Milano, Franco Angeli.

CotestaV., 2009.Sociologia dei conflitti etnici. Razzismo, immigrazione e società multiculturale, Bari, Laterza.

Decimo F., Sciortino G., 2006.Stranieri in Italia. Reti migranti.Bologna, Il Mulino.

Denti D., Ferrari M., Perocco F., 2005.ISikh, storia e immigrazione, Milano, Franco Angeli.

MaciotiM.I., Pugliese E., 2005.L'esperienza migratoria, Milano, Laterza.

Omizzolo M., 2010.ISikh aLatina, una storia trentennale di lavoro agricolo, in libertà civili, n.5/10, Milano.Franco Angeli.

Omizzolo M., 2012. "Gli schiavi Sikh alzano la testa", corriere immigrazione.

Omizzolo M., 2012. "Se sono i Sikh A pulire il mondo", corriere immigrazione.

Omizzolo M., 2011.Dalla Polis monocentricaai nuovi spazi sociali transurbani e interetnici,in libertà civili, n.4/11, Milano, Franco Angeli.

Omizzolo M., 2011.Essere italiani oggi, una riflessione su noi stessi e sull'altro, in libertà civili, n.3/11, Milano, Franco Angeli.

MonduzziTomasiniS., 2005.ISikh in Friuli e in Veneto, In denti D.

Ferrari M., Perocco F., 2005.ISikh. Storia e immigrazione, Milano, Franco Angeli.

ZanfriniL., 2004.Sociologia della convivenza interetnica, Bari, Laterza.

ZanfriniL., 2007.Sociologia delle migrazioni, Bari, Laterza.

Amnesty international, 2012.Volevamo braccia e sono arrivati uomini: sfruttamento lavorativo dei braccianti agricoli migranti in Italia.

SITOGRAFIA

Sikh Missionary Society (Regno Unito) - organizzazione non-profit dedicata alla promozione della religione cultura e storia Sikh.

Sikh ricerca e Education Center - Biblioteca di riferimento in linea è una raccolta in continua espansione di risorse che promuovono la religione,la cultura e la storia Sikh.

BBC su Sikhismo.

SikhNet-(www.sikhbet.com) comunità Sikh, sito.

Sikh Kara- (www.sikhkaras.net).

SikhSpectrum.com trimestrale- (www.sikhspectrum.com).

Guida al Sikhismo - (www.sikhismguide.org).

Guru Gobind Singh circolo di studio-(www.ggssc.org).

Il Sikhismo - (www.sikhs.org) sito generale di risorse per i concetti principali del Sikhismo.

Video Sikh Gurbani Kirtan-(www.sikhvideos.org).

All About sikh -(www.allaboutsikhs.com) sito di risorse sul Sikhismo.

Disciplina sikh, Network-(www.sikhism.us) Explore United Colors of Sikhismo.

Anglo Sikh Heritage Trail-(asht.info/index-original.html) Una nuova prospettiva sul patrimonio di una delle minoranze più visibili della Gran Bretagna.

Sikh Gurudwara -(www.gurdwara.net) database globale dei GurudwaraSikh.

www.inmigrazione.it

INDICE

www.ingramcontent.com/pod-product-compliance
Lightning Source LLC
Chambersburg PA
CBHW060425290526
45791CB00002B/879